KB078964

쑨 원

─ 근대화의 기로 ─

후카마치 히데오 지음 | 박제이 옮김

AK

1. 중국 인명, 지명은 중국어 병음으로 표기하였다.

2. 일본어는 국립국어원 외래어 표기법에 따라 표기하였다.

3. 본문 중, 역자 주로 표기된 것 외에는 모두 저자의 주석이다.
   *역자 주석
   예) 조계租界(2차 세계대전 전에 중국의 개항도시에서 외국인 거류지로 개방되었던 치외법권 지역-역자 주)

4. 서적 제목은 겹낫표(『』)로 표시하였으며, 그 외 인용, 강조, 생각 등은 따옴표를 사용하였다.
   *서적 제목
   예) 『쑨중산─쑨중산 선생 탄신 130주년 기념孫中山─孫中山先生誕辰130週年紀念』

머리말 -기로에 선 남자

　2014년 동아시아 중화권에서 젊은이들이 주도한 민주화 시위가 잇따라 일어나 전 세계의 주목을 받았다. 하나는 중국과 타이완 간 서비스무역협정의 졸속 비준에 반대하며 학생들이 입법원(국회)을 점거한 채 장기 농성을 벌인 타이완의 '해바라기 운동'이며, 다른 하나는 특별행정장관 선거에 영향력을 행사하는 중국에 저항해 노란 우산을 들고 시가지를 행진하며 대규모 시위에 나선 홍콩의 '우산 혁명'이다. 이 두 시위의 배경, 경위, 결말에는 수많은 차이점이 있지만, 타이완과 홍콩의 젊은이가 중국 대륙(본토)에 품는 거리감이 동기 중 하나였다는 공통점이 있다.

　타이완은 1895년 시모노세키조약으로 약 120년, 홍콩은 1842년 난징조약으로 약 170년을 중국 대륙과 거의 분리된 채 독특한 역사를 이어왔다. 원인 제공자는 두말할 것 없이 일본과 영국의 제국주의다. 1945년에 타이완은 중화민국에 편입되었고, 1997년에는 홍콩이 중화인민공화국에 반환되었으니 둘 다 식민 지배에서 벗어난 지 오래다. 그럼에도 21세기에 들어선 오늘날까지 두 지역의 젊은이가 '14억 명 중국 동포'라는 귀속의식을 품기 힘든 것은 역시 정치체제의 차이가 그 원인 중 하나다.

20세기 말, 동서 냉전이 막을 내리고 동유럽과 동아시아에서 민주화 바람이 부는 상황에서 타이완에서는 중국 국민당에 의한 일당 지배가 끝났다. 홍콩에서도 본토 반환 전에 식민지 당국이 직접선거의 범위를 확대했다. 그러나 중국 대륙에서는 21세기에 들어서도 중국 공산당이 일당 지배를 지속하며, 경이로운 경제 발전이라는 업적을 근거로 내세워 때때로 '서방 민주주의'에 비해 오히려 공산당이 우위에 있다고 주장하는 상황이다. 정치체제를 둘러싼 이러한 중화권의 분열은 왜 생겨난 것일까.

자주 오해받는 대목인데, 왕조시대부터 오늘날까지 중국 대륙에 독재체제만 존재한 것은 아니다. 1912년에 세워진 중화민국은 당시 세계에서도 드문 공화정 체제를 아시아 최초로 수립했으며, 선진적인 의회와 선거제도를 채택했다. 그러나 이 공화국은 민주주의의 길을 순조롭게 걷지 못했다. 정해진 정치체제의 길을 걷지 못하고 단일

정당에 의한 정권의 독점이라는, 다소 아쉬움이 남는 새로운 길을 모색한 것이다. 그리고 1949년 중화인민공화국이 중화민국을 대신하여 일당 지배를 확립해 오늘에 이른다.

이처럼 중국 근대 역사에서 나타나는 민주와 독재라는 양 극단의 정치체제는 아이러니하게도 모두 한 남자가 만들어낸 것이다. 그가 바로 이 책의 주인공인 쑨원孫文(자는 이셴逸仙, 호는 중산中山 등)이다. 그는 중국에서 가장 이른 1890년대에 전제왕조 타도와 민주공화국 수립을 꾀하는 혁명운동을 전개했으나, 1910년대에 이르자 돌연 혁명당에 의한 독재적 지배를 제창했다. 그러나 기존 사상을 완전히 버린 것은 아니었다. 쑨원은 이 모순처럼 보이는, 민주와 독재라는 두 갈래 길이 언젠가는 만나 하나가 되리라 믿었다.

마치 로마신화에 나오는 두 얼굴을 지닌 야누스처럼 카리스마 넘치는 이 혁명 지도자가 죽은 뒤 정치체제를 둘러싸고 후계자들이 보인 시행착오는, 실제로 그가 제시한 두 갈래이면서도 한 갈래인 길을 어떻게 걸을 것인가에 대한 곤혹스러움의 표현이었다고 할 수 있다. 앞서 말한 타이완의 민주화운동은, 쑨원이 세운 중국 국민당 체제 구상이 일당 지배의 개시와 시행뿐 아니라 그 종결마저도 예정한 것과 무관하지 않다. 한편 서방 민주주의의 폐해를 지적하는 오늘날의 중국 공산당이 즐겨 쓰는 논법도 이미 쑨원이 제기한 내용이다.

쑨원은 사후에 중화민국의 정권을 장악한 중국 국민당에 의해 '국부國父'라고 칭송받았을 뿐 아니라 중화인민공화국을 수립한 중국 공산당도 그를 혁명의 '선행자先行者 (선구자)'로 어긴다. 5월 1일 노동절(메이데이May Day)과 10월 1일 경국절(중국 건국기념일)에는 베이징 천안문광장에 마오쩌둥毛澤東의 초상화와 함께 크기가 그에 맞먹는 거대한 쑨원의 초상화가 걸리는데, 이는 쑨원의 지위가 그만큼 높음을 상징하는 것이다.

한편 1970년대에 완공된 타이베이 국부기념관에 세워진 거대한 쑨원 동상 앞에서 열리는 의장병 교대식이 오늘날 대륙에서 온 관광객들에게 큰 인기다. 이것에는 시대와 체제의 변화가 반영돼 있는데, 타이완에서 쑨원의 존재는 단순히 일당 지배의 아쉬움에 머물지 않는다. 1920년대 일본 통치하에서 타이완 민중당을 결성한 장웨이수이蔣渭水는 중국 국민당과 민주진보당 모두에게서 '타이완의 쑨중산孫中山'으로 칭송받는다. 그가 열렬한 쑨원 숭배자였을 뿐 아니라 타이완 주민에 의한 자치를 요구한 선구자였기 때문이다.

이처럼 중화권에서 민주, 독재 양쪽 모두를 주창한 야누스와도 같은 혁명가 쑨원의 생애에는 19세기 말엽부터 20세기 초반에 걸쳐 국가와 사회의 근대화를 꾀한, 중국의 고군분투가 응축되어 있다. 그는 서양 제국주의가 밀려오는 격동의 시대에 태어나 시대에 의해 혁명가로 성장했으며, 나아가 스스로 시대를 개척했다. 이 책은 이러한 중국 근대화의 기로에 섰던 남자, 쑨원의 평전이다.

목차

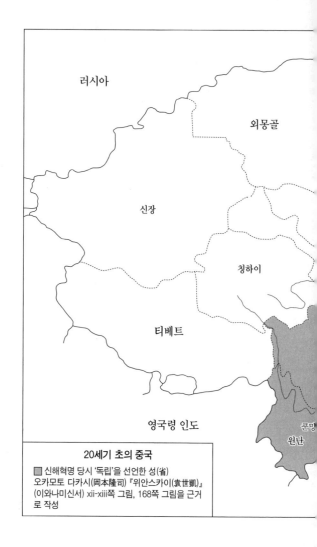

20세기 초의 중국

■ 신해혁명 당시 '독립'을 선언한 성(省)
오카모토 다카시(岡本隆司) 『위안스카이(袁世凱)』
(이와나미신서) xii-xiii쪽 그림, 168쪽 그림을 근거
로 작성

헤이룽장

○ 치치하얼

○ 하얼빈

창춘   지린

○ 지린

내몽골   즈리

○ 핑톈

핑톈

○ 구이쑤이   ○ 베이징   산하이관   ○ 다롄

동해

타이위안   바오딩   ○ 톈진   ○ 뤼순   조선

산시   산시   ○ 덩저우   ○ 서울

저우   (陝西)   (山西) ○ 창더   지난 산둥 ○ 칭다오

간쑤   ○ 옌안   ○ 황허   대운   서해   ○ 전주

○ 뤄양   ○ 상청   ○ 쉬저우 하   장쑤

시안   허난   안후이   ○ 쑤저우

쓰촨   ○ 양쯔강   후베이   ○ 한양 한커우 상하이 ○ 난징 상하이

청두   샤스   ○ 우창   주장   항저우

충칭   창사   난창   저장   남중국해

구이저우   후난   장시   푸젠   ○ 푸저우

구이양

구이린   ○ 샤먼   타이완

광시   광저우 광둥 ○ 차오저우

난닝   샹산   마카오 ○ 후이저우

홍콩   ○ 평후제도

하이난섬

제1장
하늘은 높고 황제는 멀다

1883년의 쑨원(장스푸張世福 편집 『쑨중산―쑨중산 선생 탄신 130주년 기념
孫中山―孫中山先生誕辰130週年紀念』상하이인민출판사上海人民出版社, 1996)

1 제국의 한구석에서

중심부에서 소외되다

쑨원은 청조의 지배하에 있던 1866년 11월 12일 수도 베이징에서 남쪽으로 약 2,000㎞ 떨어진 광둥廣東성 샹산 香山(오늘날의 중산中山시-역자 주)현 추이헝翠亨촌에서 태어났다. '하늘은 높고 황제는 멀다天高皇帝遠'는 중국의 전통 왕조체제하에서 통치기구의 정점에 있는 황제가 말단 시민에게는 마치 하늘처럼 먼 존재임을 뜻하는 말이다. 거대한 중화제국의 거의 최남단인 광둥성의 위치를 나타낼 때도 종종 쓰인다.

그러나 공간적 거리만 쑨원을 제국의 중심에서 가로막은 것은 아니었다. 당시 중국 사회에서 출세하기 위한 정통적인 방법은 과거에 합격하는 것이었다. 그것은 곧 관료가 되기 위한 피라미드식 계단을 한 계단씩 오르는 것을 뜻한다. 즉 말단 행정단위인 현縣에서 시행하는 현시縣試에서 시작하여 그보다 상급 행정단위인 부府에서 시행하는 부시府試, 성省에서 시행하는 향시鄕試 등을 거쳐 최종

적으로는 수도에 있는 황
제가 직접 치르는 전시殿
試에 이르는 단계를 말한
다. 이것은 빈농 집안의 3
남 3녀 중 다섯째로 태어
난 쑨원에게는(차남, 차녀는

추이헝촌(전게 『쑨중산』)

요절) 바라볼 수조차 없는 길이었다고 해도 좋다. 쑨원의
부친은 다른 사람의 토지를 빌려 경작하면서 밤에는 마을
을 순찰하는 일을 하며 가족을 부양했는데, 주식은 고구마
였다고 한다. 쑨원은 여섯 살쯤부터 농사일을 도왔고, 아
홉 살에 마을 서당에 들어가 전통적인 교육을 받았다. 하
지만 그것은 유복한 가정의 아이가 받은 교육과는 비교조
차 할 수 없는 수준이었을 것이다.

한편 당시 중국의 동남부 연안지역에서는 과거를 통한
출세와는 달리, 사회적으로 성공할 수 있는 새로운 길이
열리고 있었다. 구미歐美 제국에 의한 개발이 한창이던 아
시아·태평양 일대의 각지에 중국인이 노동력을 제공하기
위해 이주했는데, 그들(화교)의 출신지인 광둥, 푸젠福建,
저장浙江성의 각지(교향僑鄕, 화교의 고향-역자 주)와 동아시아,

동남아시아, 북아메리카, 오세아니아 각지에 형성된 차이나타운(화부華埠) 사이에 사람, 물건, 돈, 정보가 오가는 네트워크가 형성되기 시작한 것이다. 그 양쪽을 잇는 매듭이 바로 주장珠江강 하류에 위치한 영국 식민지인 홍콩과 포르투갈 식민지인 마카오, 그리고 아편전쟁(1840~1842)과 제2차 아편전쟁(1856~1860)의 결과로서 개항한 산터우汕頭(광둥성 동부), 샤먼廈門(푸젠성 남부), 닝보寧波(저장성 북부) 등 동남부 연안지역의 항만도시였다.

하와이 시절

이 네트워크를 이용해 쑨원 일가에 새로운 수입원을 가져다준 이가 바로 쑨원보다 열두 살 많은 장남 쑨메이孫眉였다. 그는 1871년 돈을 벌기 위해 하와이 오아후Oahu로 갔다. 처음에는 다른 사람의 농장이나 목장에서 일했지만 머지않아 자신의 농장과 상점을 소유하게 되었고, 동향의 이주민을 모집하는 사업에도 착수한다. 생활이 안정되자 부모, 형제를 하와이로 불러들이려 했지만 부친은 찬성하지 않았다. 하지만 쑨원 가족은 쑨메이가 보내주는 돈으로 생활했기에 동생이 형을 따라 하와이로 건너가기를 바란 것은 지극히 자연스러운 흐름이리라.

1879년 5월 21일, 열두 살의 쑨원은 샹산현과 인접한 마카오에서 이주민을 수송하기 위해 형이 전세 낸 영국 선박을 타고 모친과 함께 하와이로 향했다. 호놀룰루Honolulu에 도착한 쑨원은 처음에는 형의 상점 일을 돕다가 9월에는 잉글랜드 국교회가 운영하는 이올라니Iolani학교에 입학한다(모친은 귀국). 쑨원의 모교인 이올라니학교는 당시 하와이 원주민 아이뿐 아니라 원주민과 백인 사이에서 태어난 혼혈 학생이 다수를 차지했다. 중국식 의상과 머리 모양이 드물었던 탓인지 현지 출신 친구들이 쑨원의 변발을 잡아당기는 일이 잦았고 그 때문에 싸우기도 했다.

쑨원은 동급생과 노는 것을 즐기지 않았고, 늘 혼자서 교실 한쪽 구석에 앉아 중국 고전 문장을 낭독하거나 종이에 썼다가 찢는 일을 반복했다고 한다. 나중에도 소개하겠지만, 그래서인지 훗날 쑨원의 혁명운동을 지지하게 된 수많은 하와이 주재 화교와는 달리, 정작 그 자신은 하와이 원주민에게 그다지 좋은 인상을 품지 않았던 것 같다. 자신의 고향과는 언어도, 인종도 다른 사회 속에서 '중국인'이라는 범주에 자신을 귀속시키려는 의식이 싹튼 것이리라.

당시 하와이는 독립왕국이었지만 하올레Haole라 불리는
미국계, 영국계 등의 백인이 하와이 원주민보다 정치·경
제적으로 우위를 점하던 시기였다. 쑨원은 아무래도 원주
민보다는 백인에게 친근감을 느낀 듯하다. 그는 이올라니
학교에서 닥치는 대로 서양 문화를 빨아들였다. 워싱턴이
나 링컨의 전기를 즐겨 읽은 덕분에 영어 실력이 급격히
늘었다. 1882년 7월 27일 졸업을 할 때는 영문법 시험에
서 수많은 원주민 소년을 제치고 2등의 성적을 거두어 칼
라카우아Kalakaua 왕에게서 기념품을 하사받았다. 또한
이올라니학교에는 성경 수업이나 기도 시간이 있어서 기
독교에 대한 관심도 커졌다. 하지만 오아후Oahu학원에 진
학한 후 세례를 받고 싶어 하자 쑨메이의 반대에 부딪힌
다. 쑨메이는 고향에 있는 부친에게 연락하여 이듬해 7월
쑨원을 고향으로 돌려보낸다.

홍콩에서 본 것

이렇게 쑨원의 첫 해외 생활은 끝났다. 하지만 쑨원은

약 4년 만에 돌아간 고국의 상황을 견디기 힘들었던 모양이다. 하와이 시절에 그의 마음에 싹튼 민족의식과 기독교 신앙은 이윽고 중국 사회의 변혁을 지향하며 세상을 바꾸고자 하는 희망으로 커간다. 홍콩에 도착한 후 갈아탄 범선에서 청조의 관리가 관세 징수와 마약 조사를 명목으로 승객에게 금품을 빼앗는 것을 보고 분개한 쑨원은, 관리에게 항의하고 승객에게 정치 개혁의 필요성을 호소했다고 한다. 나아가 미신을 혐오하여 고향인 추이형에서 죽마고우인 루하오둥陸皓東과 함께 마을의 수호신인 목상을 훼손한다. 당연히 마을 사람들은 격분했고, 두 사람은 주장강 건너에 있는 홍콩으로 도주한다.

1883년 가을 무렵, 쑨원은 홍콩에서 국교회 계열인 발췌서원拔萃書院에 입학하여 하와이 시절에 이어 서양식 교육을 받는다. 이듬해 4월 15일에는 영국령 홍콩정청政廳이 설립한 중앙서원中央書院으로 전학하여 5월 4일에 미국인 선교사인 찰스 헤이거Charles Hager에게서 세례를 받고, 매주 일요일에는 왕유추王煜初 목사의 설교를 들었다고 한다. 아마도 이런 동생의 장래가 염려되었던지, 멀리 하와이에 있던 쑨메이는 샹산현 출신의 루무전盧慕貞을 쑨원과 혼인시켰다. 또한 당시 생활 거점으로 삼았던 마우이Maui섬의 카훌루이Kahului로 쑨원을 불러 자신의 사업을 잇게 하려 했다. 하지만 쑨원은 형의 설득에도 불구하고 홍콩으로 돌아갔다. 어쩔 수 없이 쑨메이는 계속 동생의 학비를 대주었다. 또한 쑨원은 유년 시절에 고향에서 충분히 배우지 못했던 전통 학문을 보충할 필요를 느낀 모양이다. 이 시기에 그는 사서오경四書五經을 열심히 읽었는데, 이러한 고전 한서는 중앙서원의 창립에 힘을 기울인 영국인 한학자 제임스 레그James Legge가 번역한 영역본을 참조하여 간신히 독해할 수 있었다고 한다.

1884년에는 청불전쟁이 발발한다. 홍콩에서는 노동자와 상인이 프랑스의 배를 상대로 수리와 거래를 거부했고, 그것을 단속한 영국령 홍콩정청에 대한 주민의 항의운동이 일어났다. 이듬해에 청나라가 전쟁에서 패하여 베트남에 대한 종주권을 상실한다. 아무래도 쑨원은 제국주의 열강의 압박뿐 아니라 청나라의 무능과 부패에도 큰 충격을 받은 듯하다. 이 패배가 청나라 타파라는 혁명을 꿈꾸게 된 동기가 되었다고 그는 나중에 회상했다.

의학의 길과 혁명의 길

하지만 이때 곧바로 혁명가 쑨원이 탄생한 것은 아니다. 겨우 스무 살을 코앞에 두고 있던 그는 우선 직업 선택이라는 과제에 직면했다. 그는 당시에 해군·육군학교와 법률학교 진학을 희망했지만 실현되지 않아 결국은 의학의 길을 선택했다. 1886년 쑨원은 미국인이 광둥성의 성도인 광저우廣州에 설립한 박제의원博濟醫院 부설 의학교에 입학한다. 쑨원은 이곳에서 동서양 의학을 배우고, 천중야오陳仲堯라는 인물에게서 유학 강의를 들었다. 이때 일어난 일 중에서 이후 쑨원의 삶에 가장 큰 영향을 준 것은 정스량鄭士良, 여우례尤列와의 만남이리라.

정스량은 홍콩과 가까운 광둥성 구이산歸善(오늘날의 후이양惠陽)현 출신으로 독일계 교회가 광저우에 설립한 예현禮賢학교에 입학하여 세례를 받았고, 이곳을 졸업한 후 박제의원 부설 의학교에 입학했다. 그는 삼합회三合會라는 회당(비밀결사 조직)의 구성원이었다. 천지회天地會, 삼합회 등 다양한 이름으로 불리던 이 지하조직은 청나라 초기의 만주인에 대한 저항운동에서 시작되었는데, 명나라 초대 황제인 홍무제洪武帝(주원장朱元璋)의 이름을 따 홍문洪門이라고 불렸다. 홍문회당洪門會黨은 지연, 혈연에서 단절된 유동 인구가 모여 만든 상조 조직으로 발전했다. 그들은 '반청 복명反淸復明'을 부르짖으며 화남 일대에서 자주 반란을 일으켰다.

여우례는 광저우와 샹산현 사이에 있는 순더順德현 출신으로, 일본과 조선을 돌아본 후 홍문회당에 가입했다. 그는 청·러 이리伊犁조약의 체결과 청불전쟁 패배에 자극받아 광저우의 산학관算學館에 입학했다고 한다. 그 후의 이력을 보면 영토 상실에 위기감을 느낀 나머지 지리학, 측량기술 습득을 꿈꾸었던 것으로 보인다. 그 무렵 여우례는 박제의원 부설 의학교에 다니는 친구를 찾아갔다가 우연히 쑨원과 정스량을 만났다. 쑨원은 어릴 때 삼합회의 무술훈련을 본 적이 있었다. 하지만 친밀한 교우관계를 맺은 삼합회원은 정스량과 여우례가 처음이었다. 이윽고 쑨원은 홍문회당의 '반청복명'을 다시금 근대적인 민족주의 사상으로 받아들이고, 만주인 지배자를 혁명의 타도 대상으로 인식하게 되었다.

사대구(왼쪽부터 양허링, 쑨원, 천사오보, 여우례. 뒤에 선 사람은 쑨원의 학교 친구 관징량關景良. 전게 『쑨중산』)

청년들의 혁명 살롱

1887년, 쑨원은 홍콩의 서의서원西醫書院에 제1기생으로 입학했다. 서의서원의 설립자인 허치何啓는 선교사의 아들로 태어나 중앙서원을 졸업한 후 영국으로 건너가 애버딘Aberdeen대학에서 의학을, 링컨법조원The Honourable Society of Lincoln's Inn에서 법률을 공부하고 귀국해 홍콩 입법국 의원을 역임한 인물이다. 서의서원은 병으로 사망한 앨리스 부인을 기념하여 세워진 병원에 병설되었다. 개교 당시 허치의 애버딘대학 의학부 동창생인 패트릭 맨슨Patrick Manson과 제임스 캔틀리James Cantlie가 초빙되었다.

쑨원은 이 학교에서 5년 동안 서양의학을 배우는 한편, 천하국가天下國家에 대해 더욱 활발히 논의할 동지를 얻는다. 그중 한 명이 샹산현 서쪽에 위치한 광둥성 신후이新會현에서 태어난 천사오보陳少白다. 그는 미국계 교회 학교인 광저우 격지서원格知書院에서 공부하고 세례를 받았다. 천사오보를 알게 된 후 얼마 지나지 않아 쑨원은 그가 서의서원으로 전학하도록 알선했다. 그리고 1890년경 쑨원과는 오랜 고향 친구이자 여우례와 마찬가지로 광저우 산학관에서 수학한 양허링楊鶴齡은 자신이 홍콩에서 경영하는 양요기楊耀記라는 상점을 친구들에게 살롱으로 쓰라고 제공한다.

서의서원에 재학 중이던 쑨원과 천사오보, 베트남을 둘러싼 청·불 국경획정위원國境劃定委員을 거쳐 홍콩정청에 근무하던 여우례, 그리고 광저우 산학관을 졸업한 양허링. 이 네 사람은 양요기에서 "조정을 섬길 수 없다"고 주장하며 반역을 논하고, 태평천국(1851~1864)을 창시하여 청조와 대적했던 홍수전洪秀全을 칭송하며 자신들을 '사대구四大寇(4인의 무법자)'라고 칭했다고 한다. 여기에는 박제의원 부설

의학교를 자퇴하고 고향에서 약국을 개업한 정스량과 상하이의 전보학당電報學堂에서 수학하고 안후이安徽성 우후蕪湖현 전보국에서 일하던 루하오둥도 참여했다.

그들과는 별개로 1891년 3월 14일, 홍콩에서 16명의 청년이 보인문사輔仁文社라는 단체를 조직한다. 이 단체의 '사장'으로 선출된 양취원楊衢雲은 영국령 식민지인 페낭Penang에서 푸젠성 청하이澄海현으로 귀환한 한 가정에서 태어났다. 그는 홍콩에서 카톨릭계인 성요셉St.Joseph서원의 영어 교사와 윤선초상국輪船招商局(리훙장李鴻章이 세운 중국 최초의 해운회사)의 서기를 거쳐 유대계 상사商社인 사순Sassoon상회에서 부지배인을 맡았다. 또 하나의 중심인물인 셰쫜타이謝纘泰는 시드니에서 홍문회당의 지도적 지위에 있던 부친 슬하에서 태어난 크리스천으로, 열여섯 살 때 귀국하여 홍콩 중앙서원에 입학한다. 보인문사는 '온 마음을 다하여 나라를 사랑한다'를 종지宗旨로 삼고, 1892년 3월 13일에 상설 집합장소를 정했다. 그 강령은 주로 도덕적 자기 연마를 설득하는 내용이었지만, 진짜 목표는 만주인 지배를 타도하는 것이었다고 한다. 이것은 명확히 조직된 혁명단체로서는 중국 최초였는데, 구체적인 실행계획을 세우는 단계까지는 이르지 못하고 혁명 언론에 머무는 데 그쳤다.

민족의식과 '멸만흥한(滅滿興漢)'

'혁명 살롱'이라 할 수 있는 이 두 청년 집단은 이윽고 서로 접촉·교류하게 된다. 이 청년들에게는 몇 가지 공통점이 있었다. 우선 그들은 중국인이라는 민족의식을 공유했다. 그것은 이 책 앞부분에서 말한 화남 일대의 '교향'에서 홍콩 등의 항만도시를 거쳐 아시아·태평양 일대의 '화부'로 확산되는 화교 네트워크에서 싹트기 시작해 외국과의 접촉으로 고양되기 시작한 의식이었다. 당시의 홍콩에는 중국인이 거주하는 구역이 따로 있었으며, 중국인 야간 외출 제한과 같은 차별이 존재했다. 양취원은 외국인에게 핍박받는 동포를 볼 때마다 불만을 느꼈다고 한다. 또한 제2차 아편전쟁이나 청불전쟁 당시 반영反英·반불反佛 폭동이 일어났는데 특히 청불전쟁이 쑨원에게 자극을 주었다는 것은 앞서 말한 바 있다.

또한 아편전쟁 중에 광저우 교외의 싼위안三元리에서

주민이 영국군과 충돌한 사건과 같이 중국 본토에서도 배외排外 사건이 일어났다. 그러나 그러한 사건의 주요 목적은 지연·혈연 공동체와 같은 구체적인 생활공간의 방위였다. 반면, 외국의 통치하에서 식민 사회를 형성한 홍콩 주민의 유동성은 여전히 컸다. 자신이 직접적인 피해자가 아닌 전쟁에서 집단행동을 일으킨 것은 차별적인 정책과 대우를 보며 추상적 민족으로서의 중국인에 자신을 귀속시키고자 하는 의식을 품었기 때문일 것이다. 쑨원과 그의 동지들도 그러한 귀속감을 공유했던 것이다.

또한 유학을 공부하고 과거시험을 통과해 피라미드식 관료제도에서 자신의 위치를 상승시키는 것을 목표로 삼았던 전통적인 중국 지식인과는 달리, 주장강 삼각주 일대에 출현한 이 청년들은 서양식 교육을 받았으며, 근대적 지식과 사상을 바탕으로 중국이 개혁하기를 바랐다. 쑨원은 고향에서 치안 개선에 착수했을 뿐 아니라, 1890년에는 동향의 퇴직 관료 정짜오루鄭藻如에게 농업과 교육의 개선 의지를 전했다. 루하오둥, 여우례와 보인문사 멤버인 저우자오웨周昭岳 등은 순더현에서 양봉업의 근대화를 시도했다.

그들의 선구자를 자처한 이가 바로 쑨원의 은사인 허치와 우팅팡伍廷芳, 황성黃勝, 웨이위韋玉 등의 신흥 지식인이었다. 이들은 모두 영국령 홍콩의 의원으로 임명되어 홍콩정청에 협력하는 한편, 자선·복지단체를 운영하며 중국인 주민의 복리를 증진한 인물이다. 더욱이 그들은 중국어 신문을 발행하여 중국인 주민의 이익을 대표해 홍콩정청의 정책을 비판했을 뿐 아니라 중국 정치의 개선과 근대화를 주장했다. 중국 본토의 관료나 학자와는 달리 유교 문명이나 왕조체제보다 민족으로서 중국인의 지위를 옹호하기 위해서였다. 이 또한 이주 인구의 민족의식을 나타내는 것이었다.

　그리고 이 청년들이 민족의식의 원류로서 찾아낸 것이 홍문회당이 이어받아 태평천국이 부르짖은 '멸만흥한' 사상이었다는 사실은 결정적인 의미를 지닌다. 즉 그들이 귀속의식을 품은 중국인이란 곧 한인漢人이었다. 다시 말해 만주인滿洲人이라는 이민족이 지배했기에 중국이 발전하지 못했고, 따라서 열강의 압력에 대항하지 못한다고 생각한 것이다. 이들은 특히 홍수전의 경력에 금세 친근감을 느꼈다. 또한 그것은 청조 타도를 목표로 하는 운동의

원형을 제공했다. 홍수전은 광저우 북쪽에 위치한 화花현 출신으로, 과거시험에서 여러 차례 고배를 마셨다. 그 후 기독교의 영향을 받아 상제교上帝教를 창시하고, 태평천국을 수립해 한때나마 청조를 위기에 빠뜨렸다. 그 후에도 태평천국은 광둥 지역사회에 영향을 주었다. 쑨원은 유년 시절 고향에서 태평천국군에 들어가 싸우다 살아남은 노인에게서 홍수전의 공적에 대해 자주 들었다고 한다.

이렇게 청 제국의 가장 변두리에 있지만 동시에 외부 세계와 접점을 이루는 항만도시에서 왕조 타도를 꾀하는 음모가 서서히 꿈틀대기 시작한다.

2 흥중회

광저우에서 '흥중회(興中會)'가 발족하다

1892년 7월 23일, 쑨원은 서의서원을 최우수 성적으로 졸업했다. 제1기생 11명 중에서 이때 의사 면허를 취득하고 졸업한 사람은 쑨원과 장잉화江英華 둘뿐이었다. 그들의 은사인 캔틀리는 즈리直隷(허베이河北)총감 겸 베이양北洋

대신인 리훙장에게 이 두 사람을 추천하며 임용을 요구하여 승낙을 받았다. 하지만 광둥·광시廣西 두 성을 관할하는 양광兩廣 총독부의 반대로 실현되지 못했다고 한다.

이러한 은사의 조치를 쑨원이 어떻게 생각했는지는 알 수 없다. 다만 후세대인 우리는 '만약 이 임관이 실현되었다면 쑨원은 혁명가의 길을 걷지 않았을 것인가?' 라는 생각을 떨쳐내기 힘들다. 리훙장이라는 인물은 군사, 산업, 교육의 근대화를 꾀한 양무운동洋務運動의 기수다. 그 아래로 들어가 기존 체제 안에서 조국의 발전에 공헌하는 출세의 길이 조금씩이기는 하지만 서양식 교육을 받은 청년 쑨원에게도 열리고 있었다. 비록 왕조 전복이라는 대역무도大逆無道(임금이나 나라에 큰 죄를 지어 도리에 크게 어긋남-역자주)한 야심이 가슴속에 싹텄다고는 하나, 불과 1년 전에 고향에서 장남 쑨커孫科를 얻은 스물다섯의 쑨원에게는 그러한 매우 온건하고 현실적인 인생행로 또한 꽤 매력적으로 다가왔으리라.

결국 쑨원은 의사로서 세상에 나가기로 결심한다. 병원 문을 열기로 결정한 곳은 마카오였다. 이것은 그러한 내적 동요를 보여주는 대목인지도 모른다. 이 무렵 마카오에서는 역시 샹산현 출신의 기업가이자 유신維新 사상가인 정관잉鄭觀應이 자신의 저서인 『성세위언盛世危言』을 편찬했는데, 여기에 농업 개선을 부르짖는 쑨원의 글도 실렸다. 정관잉은 외국 기업과 거래하는 매판買辦이라 불리는 상인으로 출발하여 출세한 인물로, 리훙장과도 교류가 있었다. 어쩌면 쑨원은 이 고향 선배를 통해 리훙장에게 접근하려는 희망을 놓지 못했는지도 모른다.

쑨원을 직접 초빙한 것은 그에게 고용인의 진찰을 의뢰하곤 하던 마카오의 거상들이었다. 쑨원은 그들이 공동으로 운영하는 자선병원인 경호의원鏡湖醫院에서 급여를 받지 않고 자원봉사로 의술을 베풀었다. 1893년 7월 29일, 그는 경호의원에서 자금을 빌려 마카오에 중서약국中西藥局을 개업한다. 하지만 쑨원의 의술이 점점 호평을 받자 포르투갈인 의사와 중국인 한방의는 그를 질시하며 배척하였다.

1893년 가을, 포르투갈 의사 면허가 없다는 것이 문제가 되자 쑨원은 광저우에 동서약국東西藥局을 개업하며 의료활동의 거점을 마카오에서 광저우로 옮긴다. 동시에 그는 여우례, 정스량, 루하오둥, 저우자오웨와 기독교도인

취평츠區鳳墀, 쭤더우산左斗山, 왕즈푸王質甫 등과 힘을 합쳐 다시 천하국가를 논의하는 살롱을 만든다. 같은 해 초겨울, 쑨원이 '달로韃虜를 몰아내고 화하華夏를 회복한다'를 종지로 삼는 중흥회 결성을 제의하자 일동이 찬성했다. 다음 날 홍콩으로 온 양취윈도 뜻을 같이했다. '달로'는 만주인을 낮춰 부르는 말이고, '화하'는 중국을 뜻한다. 이것은 지극히 명확한 '멸만흥한滅滿興漢' 민족주의 사상의 표명이며, 훗날 18년에 걸친 혁명운동의 기본적인 주장이다. 쑨원은 이 무렵 이미 고향에서 삼합회와 연락을 주고받았던 정스량과 재회하여 다시 만주인에 의한 지배를 적대시하는 민족주의로 급진화急進化했는지도 모른다.

물론 청조는 만주인의 왕조이긴 했지만, 이러한 '배만排滿' 주장이 반드시 현실을 반영한 것은 아니었다. 청조의 통치 방침은 '만·한滿·漢을 나누지 않고 오로지 기민旗民을 따진다'였다. 즉 만주인이 한인을 지배하는 것이 아니며, 기인旗人이라 불리는 지배계층도, 피지배계층인 인민도 결코 단일 민족이 아니었다. '旗'란 만주족의 군사집단이자 사회 조직 단위로, 깃발 모양이 여덟 가지라 '팔기八旗'로 구분되었다. 청조의 성립에 협력한 몽골인이나 한인도 기인에 속하여 각각 팔기 만주, 팔기 몽골, 팔기 한군으로 편성되었다.

게다가 팔기 만주의 내부에는 다우르족, 에벤크족, 시버족 등의 '신新만주'라고 불리는 만주계 민족들, 나아가 청조로 귀속된 러시아, 조선, 위구르, 티베트 등 매우 잡다한 민족이 소수나마 포함된다. 피지배계층도 물론 최대 다수파는 한인이지만 '묘족苗族', '장족壯族' 등으로 불리던 비한족도 서남부 성에 거주했다. 그럼에도 쑨원과 동지들은 청조 통치하의 지배·피지배 관계를 만주인과 한인이라는 민족 관계로 단순화한 것이다.

리훙장에게 상서를 올리다

한편 쑨원은 곧바로 왕조 타도 음모에 매진하지 않고 약간 이해하기 어려운 행동을 보였다. 리훙장에게 자신의 임용을 직접 부탁하기 위해 온갖 방법을 동원하여 상서를 올린 것이다. 1894년 초, 쑨원은 광저우의 동서약국을 비워둔 채 고향인 추이헝촌에 칩거하며 상서문을 집필한 후 광저우로 돌아와서 천사오보에게 퇴고를 부탁했다. 상서는 교육, 농업, 광공업, 상업의 근대화를 주장하며 해외 시찰 파견을 호소하는 내용이었다. 그리고 자신의 환자였던 퇴직관료 웨이헝魏恒의 소개장을 받아 상하이로 넘어간 후, 성저우화이盛宙懷라는 인물을 찾아가 그의 사촌 형이자 리훙장의 보좌인 성쉬안화이盛宣懷에게 제출할 소개장을 손에 넣는다.

더불어 상하이에서는 그곳에 체재 중이던 정관잉에게서도 성쉬안화이에게 건넬 소개장을 받았다. 또한 왕타오王韜라는 인물에게는 상소문을 교열받았고, 동시에 리훙장의 보좌였던 뤄펑루羅豊禄 등에게 제출할 소개장을 손에 넣었다. 왕타오는 태평천국과 내통한 사실이 발각되자 홍콩으로 도망쳐, 앞서 말한 제임스 레그를 도와 사서오경을 영어로 번역하고 유럽과 일본을 유랑하면서 홍콩에서 중국어 신문을 창간한 계몽사상가다. 또한 쑨원의 이 북상北上 여정에는 시종일관 루하오둥이 동행했다. 아마도 쑨원은 성쉬안화이가 창설한 전보학당, 전보국에 몸담았던 루하오둥의 이력이 도움을 주리라고 기대했던 것 같다.

이렇게 쑨원은 이용할 수 있는 모든 관계를 동원하여 같은 해 6월, 리훙장을 만나러 톈진天津으로 향하는데 안타

깝게도 시기가 너무 좋지 않았다. 조선반도를 둘러싸고 일본과의 전쟁을 준비하는 데 여념이 없던 리훙장에게는 이름 없는 양의洋醫가 설파하는 근대화론에 귀를 기울일 여유가 없었던 것이다. 이 상서가 10월에 상하이의 기독교계 잡지『만국공보萬國公報』에 게재된 것이 유일한 성과였다. '배만' 혁명단체를 결성하려 했던 쑨원이 이같이 북상을 감행한 동기에 대해서는 지금껏 논의가 끊이지 않는다. 이 시점에는 그가 아직 확고한 혁명가는 아니었다는 견해가 있는가 하면, 오히려 리훙장을 설득하여 혁명에 대한 동의를 구하려 한 것이라는 색다른 의견까지 있다.

결정적인 증거는 없지만 전후관계를 통해 추론해보자면, 당시 쑨원의 사상은 체제 안에서의 개혁보다는 체제 그 자체의 전환으로 기울고 있었는데, 이 너무도 대담하고 위험한 길로 들어서기 전에 다시 한 번 온건하고 안전한 선택지를 가능한 선에서 시도해보고자 한 것이 아닐까? 그리고 자신에게는 양무파洋務派 관료를 통한 출세의 길이 열려 있지 않다는 사실을 깨달은 순간, 호놀룰루와 홍콩에서 서양식 교육을 받은 크리스천 쑨원은 최종적으로 중국을 전통 왕조와는 근본적으로 다른 국가로 개조하는 혁명의 길을 선택한 것이리라.

하와이에서 '흥중회'를 결성하다

1894년 7월 말에 청·일 양국이 교전 상태에 들어가고, 9월에 평양전투와 황해해전에서 리훙장 휘하의 회군淮軍(청나라 말기 태평천국을 진압하기 위해 증국번曾國藩의 지시로 그의 제자였던 리훙장이 회하 유역인 안후이성에서 조직한 의용부대-역자 주)인 베이양함대北洋艦隊(청조 말기 중국의 현대화된 해군-역자 주)가 대패했다. 그 무렵 쑨원은 상하이를 떠나 호놀룰루로 건너갔다. 하와이에 주재하는 화교에게서 무장봉기에 쓸 자금을 모으기 위해서였다. 다행스럽게도 당시 하와이는 정치적 변혁의 한복판에 있었고, 화교들 사이에서 민족주의적 기운이 거세진 상황이었다. 1887년 시장 확대를 위해 미국과의 병합을 원하는 설탕업자를 중심으로 미국계 주민이 하와이 비밀결사 동맹을 결성한다. 그들은 독자적 무장조직인 호놀룰루 소총대小銃隊를 동원하여 칼라카우아 왕에게 압력을 행사하여 왕권 제한과 백인이 우위에 서는 의회의 권한 강화를 규정한 이른바 '총검헌법銃劍憲法'

을 제정토록 했다.

2년 후, 이것에 대항하여 미국인과 원주민의 혼혈 청년인 로버트 월콕스Robert Wilcox가 자유애국협회를 조직하고, 왕권 회복

홍중회 결성 회의는 처음에는 허환의 자택에서 열렸지만 비좁아서 사진에 보이는 리창의 자택으로 옮겨서 진행되었다(전게 『쑨중산』)

과 원주민의 지위 향상을 실현하기 위해 반란을 일으켰다가 호놀룰루 소총대에 진압되었는데, 이 반란에 일부 화교가 참여했다. 이것을 통해 화교 중에 하와이 왕조 및 원주민과 우호적인 관계를 맺은 사람이 많았다는 사실을 알 수 있다. 아마도 하와이가 합병되면 미국의 중국 배척법이 하와이에도 적용되는 것을 우려했기 때문이리라.

칼라카우아 왕이 사망하자 여동생인 릴리우오칼라니Liliuokalani 여왕이 왕위를 이었다. 1893년에 그녀가 왕권 회복을 꾀하기 위해 의회를 무시하고 신新헌법을 공포하자, 여기에 반발한 합병파는 호놀룰루 소총대를 이용해 궁전을 진압한다. 이것에 발맞추어 미국 공사도 미국 해군

과 해병대를 하와이에 상륙시킴으로써 여왕이 물러나고 하와이 왕조는 멸망한다. 같은 해에 '학술 연구와 지식 교환'을 취지로 하는 화교 단체 중서확론회中西擴論會가 결성되었는데, 이곳 회원인 허콴何寬은 윌콕스의 반란에 가담하여 벌금형을 받았다. 이 모임의 성립 배경에 화교의 민족적 위기의식이 깔려 있었다는 사실을 엿볼 수 있는 대목이다. 1894년 7월 4일, 합병파의 주요 인물인 샌퍼드 돌 Sanford Dole을 대통령으로 삼는 하와이 공화국이 성립했으며, 제정된 신헌법은 실질적으로 비非백인의 참정권을 인정하지 않는 것이었다(하와이 혁명). 그야말로 대전환기를 맞이한 하와이에 쑨원이 도착한 것이다.

1894년 11월 24일, 쑨원은 중서확론회 회원을 중심으로 약 20명의 참가자를 모아 홍중회를 결성했는데, 이때 전원이 왼손을 성서에 얹고 오른손을 들어 "달로를 몰아내고 중국을 회복하여 합중정부를 창립한다"고 외치며 선서했다. 처음 두 항목은 두말할 필요도 없이 1년 전 광저우 홍중회의 종지와 동일한 '배만' 주장이다. 마지막 항목에 들어 있는 '합중'은 'United States', 즉 '주 연방'의 번역어인 '합중국合衆國'에서 유래한다. 하지만 이 말은 점차 '여러 사람衆人이 모여서슴' 세운 공화정 체제를 의미하게 된다. 쑨원이 왕조체제 대신 중국에 수립하려 한 체제가 미국을 모방한 연방제 혹은 공화제였다는 사실이 여기에서 처음으로 드러난다.

이미 말했듯이 쑨원 자신은 서양 지향이 강했으나 하와이 주재 화교들에게 미국은 경계의 대상이었다. 그러나 한편으로 그들은 미국인에 의해 멸망한 하와이 왕조를 청일전쟁으로 열세에 몰린 조국의 처지와 겹쳐 생각했을 것이다. 이때 만들어진 규정은 다음과 같다.

"당당한 중화가 인접국에 대항하지 못하고 문물, 예절이 이민족에게 경멸당하고 있다. (중략) 애초에 4억 명이 넘는 수많은 인민, 수만 리에 이르는 풍요로운 토지가 있으니 발분發奮하면 강자가 되어 천하무적이 될 수 있을 터이다. 그러나 어리석은 노예가 국가를 잘못 통치하여 백성을 해함으로써 한번 넘어지니 일어서지 못하는 극단적인 상황에 빠지고 말았다. 이제 힘센 이웃나라가 구워삶아 (중략) 과분瓜分(오이를 쪼개듯이 영토를 나누는 것-역자 주)의 위기가 목전에 이르렀다."

여기에는 국토, 인구의 규모로 봐도 세계 최강의 국가를 건설할 수 있는 한인이 만주인의 전제專制 지배로 발전을 저해당한 나머지 열강의 압박을 받아 망국의 위기에 처했다는 쑨원의 상황 인식이 드러나 있다. 다만 청조에 대한 비판은 모호한 표현에 그쳤고 체제 변혁을 확실하게 주장하지는 않았는데, 이것은 정치적 위기를 두려워하는 화교의 심리를 배려하여 화교를 최대한 많이 동참하게 하려는 조치일 것이다.

이때 가입한 사람 중 리창李昌과 쑹쥐런宋居仁의 부친은 모두 태평천국에 참가한 크리스천이었다. 리창은 하와이 이주 후에 왕조 정부의 통역을 맡았고, 쑹쥐런은 월콕스의 여동생과 결혼했다. 그들은 마우이섬으로 건너간 후 쑨메이를 설득해 흥중회에 가입하게 했다. 쑨메이는 카훌루이 분회 주석으로서 회원을 모집하고 가축을 싼값에 매각하여 무장봉기 자금으로 기부한다. 그토록 동생이 기독교 신앙을 가지는 것에 반대했던 쑨메이도 하와이 혁명과 청일전쟁을 통해 민족의식이 고취된 것이리라.

쑨메이의 소개로 흥중회원이 된 마우이섬 파이아Paia의 덩인난鄧蔭南은 태평천국과 삼합회三合會에 참여한 경력을 갖고 있으며 마찬가지로 카훌루이분회의 주석으로서 참가자를 모았고, 나아가 자신의 가산을 매각하여 무장봉기에 참가하기 위해 스스로 귀국한다. 최종적으로 하와이 홍중회 가입자는 약 130명에 달했다. 쑨원은 그들에게서 모은 자금을 가지고 여러 명의 찬동자와 함께 호놀룰루를 떠났다. 또한 홍콩으로 돌아가는 길에 요코하마에 기항했을 때 주재 화교인 탄파譚發와 만난 일은 훗날 새로운 지지 기반을 쌓는 단서가 된다.

홍콩에서 '흥중회'를 결성하다

  1895년 1월 26일에 홍콩으로 돌아간 쑨원은 루하오둥, 정스량, 천사오보, 여우레, 양허링 등의 동지를 모아 2월 21일에 홍중회를 조직한다. 여기에는 양취원, 셰쫜타이, 저우자오웨 등의 보인문사 멤버도 합류했으며, 홍콩 상인인 위위즈余育之와 황용상黄詠商(황성黄勝의 차남)도 가담했는데, 그들은 하와이 홍중회와 같은 방식으로 '달로를 몰아내고 중화를 회복하여 합중정부를 창립한다'고 선서했다. 이때 정해진 장정章程은 하와이에서 밝힌 내용에 수정을 가한 것이었다. 여기에는 "정치는 바로 서지 못하고, 강기綱紀는 흐트러졌으며, 조정은 작위와 관직을 팔고 공공연히 뇌물을 주고받는다. 관리는 인민과 토지를 착취하니 호랑이나 이리보다 포학하다. 도적이 횡행하고, 기근이 빈발하며, 난민이 들에 넘치니 인민은 살아갈 수 없다"는 다소 명확한 청조 비판이 포함되었다.

또한 "중국이 일단 다른 나라에 의해 분할되면 자자손손 대대로 노예가 되어 일가의 생명과 재산조차 보전하지 못한다는 것을 생각하지 않는 것인가"라며 망국의 위기감을 더욱 절박하게 드러냈다. 그러나 위기에 대처하는 방책으로서는 추상적인 계몽의 필요성을 주장하는 데 그쳤다. 고작 "위로는 국가를 바로잡아 선정을 실현하며, 아래로는 인민을 지켜 압정을 소멸시킨다"는 한 구절만이 정치운동으로서의 성질을 엿보게 한다. 이 또한 하와이 때와 마찬가지로 아마도 관헌의 눈을 피하기 위한 조치로 보인다.

무장봉기가 실패하다

이렇게 쑨원은 흥중회를 조직하는 한편, 이해할 수 없는 행동을 보인다. 3월 1일부터 여러 번 홍콩 주재 일본영사인 나카가와 고지로中川恒次郎를 찾아가 '흥중회, 곧 중국을 일으키는 모임'의 무장봉기 계획을 알리

루하오둥(류웨쓰劉悅姒 주편 『국부혁명사획國父革命史劃 중산정신영불후中山精神永不朽』, 국립국부기념관, 1996년)

고 '총포 2만5,000정, 권총 1,000정 정도'를 제공하라고 요청한 것이다. 이때 청일전쟁의 대세는 이미 정해졌으며, 3월 19일에는 리훙장이 청국 전권대표로서 시모노세키에 도착한다.

하지만 아직 대륙의 동북부에서는 전투가 끝나지 않았기에 나카가와가 "청국이 병세兵勢를 북방으로 모아 끝까지 나에게 저항할 작정이라면, 그들에게 남방에서 거사를 일으키게 함으로써 훗날의 걱정을 만들어 그 기세를 꺾는 것도 하나의 수가 되지 않겠는가"라고 외무성 통상국장인 하라 다카시原敬에게 보고한 것처럼, 일본이 청나라를 견

제하며 합의를 유리하게 이끌기 위해 화남에서 반란이 일어나는 것을 부추긴다는 선택지는 확실히 존재했다.

그러나 '양광(광둥·광시)을 독립하게 하여 공화국으로 삼는다', 즉 일본의 원조를 얻어 화남에 할거(割據)한다는 쑨원의 계획을 나카가와가 '공중누각에 지나지 않는다'며 물리쳤기에 이 합의는 결렬되었다(4월 17일에 시모노세키조약 조인). 여기에서 다시 공화정 체제의 수립이라는 체제 구상이 등장한 것은 주목할 만한 대목이지만, 망국의 위기감을 느낀 쑨원이 다름 아닌 적국인 일본에 원조를 요청한 것은 후세의 시각에서 바라보면 기묘하다.

하지만 이것은 쑨원의 독단적 전횡이 아니라 홍콩 흥중회의 합의에서 비롯된 행동으로 보인다. 따라서 그들은 어디까지나 만주족 왕조만을 적으로 인식했다는 사실을 알 수 있다. 또한 중국의 중앙정부를 타도하기 위한 혁명 운동을 위해 '적의 적은 내 편'이라는 생각으로 외세의 지원을 요구하는 행동은 쑨원의 혁명 생애 전체를 통틀어 일관되게 유지된다.

쑨원과 동지들은 3월부터 약 반 년에 걸쳐 광저우성을 습격해 점거하기 위한 무장봉기를 준비했다. 또한 자신들을 상징하는 깃발로서 루하오둥이 고안한 청천백일青天白日(푸른 바탕에 흰 태양. 훗날 중국 국민당기-역자 주)기가 채택되었다. 하와이 화교나 위위즈, 황융상이 기부한 충분치 못한 자금으로 삼합회에 소속한 정스량 등의 홍중회원이 광둥성 내 각지의 회당에 손을 써서 여러 방향에서 광저우성을 공격하게 하고, 나아가 양취윈이 홍콩에서 동원한 당원이 배를 이용해 광저우성으로 잠입하는 것이 그들이 채택한 '길을 나누어 성을 치는' 계획이었다.

쑨원은 취펑츠, 쥐더우산, 왕즈푸, 왕유추와 같은 교회 관계자의 협력을 얻어 광저우성 안에 무장봉기의 거점을 마련하고 무기와 탄약을 나르는 한편, 위장하기 위해 자신들을 농학회農學會라 칭했다. 발기인으로는 쑨원과 동향이며 도박賭博 경영을 통해 재산을 모은 류쉐쉰劉学詢 등의 유력 인사를 맞아들였다.

또한 이 계획에는 쑨원의 은사인 허치도 가담했다. 그들이 쑨원과 동지들에게 소개한 홍콩의 영자신문 『더 차이나 메일The China Mail』의 편집장 토머스 리드Thomas H. Reid는 중국의 신흥 청년 지식인들이 서양 세계에 열린 중국 건설을 도모하고 있다고 주장하며, 중흥회에 유리한 여론을 형성하기 위해 노력했다.

　다만 여우례와 양허링은 봉기계획에 점점 소극적으로 대응한다. 또한 10월 10일 봉기 후의 '백리새천덕伯理璽天德(프레지던트)', 즉 대통령이 될 중홍회장 선출을 둘러싸고 광저우의 쑨원파와 홍콩의 양취윈파가 대립한다. 쑨원보다 다섯 살 많은 양취윈을 선출하는 것으로 일단 마무리가 되었으나, 이러한 불화가 봉기 실행 시에 다시 표출한다. 그들은 광둥성의 풍습 중 사람들이 성묘하러 가는 음력 9월 9일(양력 10월 12일)에 3,000명의 회원을 홍콩에서 광저우로 귀향하는 군중 속에 섞어 보내면 여기에 성내 각지의 회당이 응하여 거병한다는 계획을 세웠다.

　그러나 이 계획은 실행 직전에 청조와 영국 양쪽 당국에 들키고 만다. 또한 광저우와 홍콩 간 연락이 원활하지 못하고, 동원한 회원 수가 부족하여 미수로 끝난다. 쑨원, 천사오보, 정스량은 도망쳤지만 광저우에서 루하오둥이 체포돼 처형됨으로써 중국 혁명운동 최초의 희생자가 되었다(향년 27세).

　이 광저우 봉기가 실패한 원인은 내분, 탈락자로 엿볼 수 있는 홍중회 조직의 취약성, 자금과 무기의 부족, 산만

한 회당 조직에 대한 일시적 의존에서 드러난 사회 기반의 결여, 그리고 무엇보다 화남지역의 청 제국 최대의 통치 거점을 쉽게 공략할 수 있다고 생각한 안이한 판단 등 수 없이 많다.

그러나 결국 10명 정도에 불과한 20, 30대의 변두리 신흥 지식인이 쇠퇴의 길을 걸으며 패전의 타격을 입었다고는 하나 거대한 중화제국의 타도를 꾀한 것은, 우스울 정도로 무모한, 그야말로 당랑지부螳螂之斧(『한시외전韓詩外傳』에 나오는 말로, 사마귀가 앞발을 들고 수레바퀴를 멈추려 한다는 뜻. 즉 제 역량을 생각하지 않고 강한 상대나 되지 않을 일에 덤벼드는 무모한 행동을 일컫는다-역자 주)라는 말로 설명할 수 있으리라. 이렇게 그들의 최초의 도전은 무참히 실패로 끝났다. 그 무엇과도 바꿀 수 없는 벗의 희생과 함께.

3 세상을 내 편으로

저항 의사를 표하다

쑨원은 영국령 홍콩정청이 자신을 청나라에 인도할 것을 두려워했다. 그는 11월 2일 천사오보, 정스량과 함께 일본우선日本郵船주식회사의 히로시마마루広島丸에 몸을 싣는다. 그들은 약 열흘 후 고베에 기항한 다음 11월 13일에 홍콩을 떠나 사이공Saigon(현재의 호찌민), 미드라스Madras(현재의 첸나이Chennai), 콜롬보Colombo를 경유해 남아프리카의 요하네스버그Johannesburg에 도착해 그곳에서 화교를 모아 홍중회 분회를 조직했다고 한다. 요코하마에 상륙한 쑨원은 약 1년 전에 알게 된 탄파를 통해 문경文經 인쇄점을 경영하는 펑징루馮鏡如를 소개받는다. 그리고 천사오보, 정스량과 함께 인쇄점 2층에 머물게 되었는데, 여기에서도 역시 약 20명의 화교를 모아 홍중회 분회를 조직했다. 이렇게 그들의 운동은 주장강 삼각주에서 바다를 건너 전 세계로 퍼져나갔다.

쑨원은 지참한 두 권의 서적을 펑징루에게 부탁하여 인쇄하고, 해외 각지의 차이나타운에 송부하여 선전宣傳을 꾀했다. 한 권은 청나라가 중국을 정복할 때 발생한 학살 사건을 기록한 『양주십일기揚州十日記』였다. 다른 한 권은 명나라의 유신遺臣(왕조가 망한 뒤에 남은 신하-역자 주)으로서 청나라에 저항한 황종희黃宗羲의 저서 『명이대방록明夷待訪錄』 중, 군주에 의한 천하의 사유私有를 비판하고 신하도 공복公僕이라는 점을 주장한 '원군原君'과 '원신原臣' 두 편이었다. 두말할 필요도 없이 전자는 만주 왕조에 대한 적의를 선동하기 위함이며, 후자는 전제 통치를 비판하기 위해 고른 선전 재료였다.

그 후 정스량은 홍콩으로 돌아가 재기를 기약했고, 천사오보는 요코하마에 남아 거점을 지켰으며, 쑨원은 홀로 하와이로 건너갔다. 이때 쑨원과 천사오보는 변발을 잘랐다. 변발은 만주인이 한인에게 강제로 따르게 한 풍습이었으므로, 변발을 자르는 것은 청조에 대한 철저한 저항 의사를 드러내는 행위였다. 그들은 망명자 신분이 되었지만 의기소침하지 않고 스스로 퇴로를 끊고 전투태세에 돌입한 것이다.

런던으로 가다

하와이는 쑨원에게 제2의 고향이었기에 재기를 기약하는 거점으로서 선택한 것이리라. 하지만 호놀룰루에서는 현지에 체재하는 청나라 영사가 흥중회원을 조사하고 있었고, 허콴과 같은 중서확론회의 구성원이었던 적극분자를 제외한 대부분의 화교는 고향에 있는 친족에게 누를 끼칠 것을 두려워하여 쑨원과 엮이지 않으려 했다. 광둥성 당국은 이미 1,000위안元의 현상금을 내걸어 쑨원을 지명수배했으며, 쑨원의 가족은 귀향 중이었던 루하오둥의 조카이자 하와이 흥중회의 멤버인 루찬陸燦을 따라 출국한 상태였다. 이때 쑨원의 부친은 세상을 떠난 후였지만 모친과 쑨메이의 처, 쑨원의 처인 루무전, 장남인 쑨커, 그리고 1년 전에 태어난 장녀 쑨위안孫瑗이 쑨메이가 경영하는 마우이섬의 쿨라Kula 목장에 도착하여 이곳에서 쑨원과 합류한다.

또한 1896년 3월 4일에는 치안과 질서를 저해한다는 이유로 영국령 홍콩정청이 쑨원의 홍콩 체재를 5년간 금지했다. 그는 하와이 각지에서 유세를 벌였으나 동지를 얻지 못하고 미국으로 건너갈 것을 고려하던 차에 4월에 우연히 호놀룰루의 거리에서 귀국 도중에 하와이를 방문한 홍콩 서의서원의 은사인 캔틀리와 재회한다. 이때 캔틀리는 쑨원에게 런던에서 의학 공부를 계속하라고 권했는데, 이것은 무장봉기라는 과격한 행동에 나선 제자를 다시금 의업의 길로 돌려놓으려 한 배려였으리라. 그러나 이 충고를 쑨원이 어떻게 받아들였는지는 알 수 없다.

　호놀룰루를 떠난 쑨원은 6월 18일 샌프란시스코에 도착한다. 당시 중국인은 골드러시를 계기로 캘리포니아로 이주하기 시작했는데, 대륙횡단철도 부설로 노동력 수요가 늘어나자 중국인의 이주에 박차가 가해졌다. 샌프란시스코에 형성된 차이나타운에는 동향, 동성, 동업 등의 상조 단체가 출현한 상태였다. 홍문회당의 계보를 잇는 치공당 致公黨이라는 조직이 있었는데, 그 지부가 북미 각지에 존재했지만 회원이 아닌 쑨원의 지원 요구는 거부당했다. 각지의 차이나타운을 찾아가 유세를 하며 미국 대륙을 횡단한 쑨원은 9월 23일에 뉴욕을 출항하여 영국으로 향했고, 9월 30일에 리버풀Liverpool에 상륙하여 다음 날 런던에 도착했다.

공사관 감금사건

10월 2일에 쑨원은 캔틀리의 자택을 방문했다. 그 후 얼마 지나지 않아 쑨원은 큰 사건에 휘말렸다. 청조 당국은 쑨원의 행적을 파악하여 영국 도착 후에도 탐정을 고용하여 계속 감시했는데, 10월 11일에 쑨원이 런던의 청국 공사관에 구인拘引·감금된 것이다(구체적 경위는 나중에 설명하겠다). 공사관의 영국인 사용인에게 캔틀리의 전언을 전해 달라고 부탁한 쑨원의 기지, 그리고 무엇보다 애제자의 신변을 걱정한 은사가 동분서주한 덕에 영국 정부의 요구와 각 신문 지상의 보도 압력으로 공사관은 10월 23일에야 겨우 쑨원을 풀어준다. 그다음 날 그는 각 신문사 편집장에게 서한을 보내 '중국 공사관이 나를 풀어주게 한 영국 정부의 조치'와 '각 신문사의 시의적절한 조력과 동정'에 감사하며 다음과 같이 말했다.

"영국에 침투한 관대한 공공정신과 그 인민의 특질인 정의에 대한 애정을 다름 아닌 지난 수일간 벌어진 일을 통해 나는 진심으로 확신했습니다. 입헌정치 체제와 개명開明적 인민이 의미하는 바를 지금까지보다 더 이해하고 감득感得하였으며, 제 사랑하는 억압받는 조국에서 진보와 교육, 문명과 같은 이념을 실현하기 위해 더욱 적극적으로 임해야겠다고 절실히 다짐했습니다."

여기에서 쑨원이 자신을 석방한 영국이라는 국가와 사회의 선진성과 개명성을 칭찬하면서도 중국에서의 군주제 타도와 공화제 수립이라는 자신의 목표를 언급하지 않은 것은 온건한 진보주의를 존중하는 입헌군주국 영국의 여론을 배려해서인지도 모른다.

화제의 인물이 된 그는 1897년 1월 21일 무장봉기의 전말과 감금사건의 경위를 기술한 『런던 조난기』를 출간하여 호평을 받는다. 이 수기와 앞서 소개한 서간을 캔틀리가 대필했다는 설도 있다. 어쩌면 그래서 표현이 온건했는지도 모르지만, 그가 "나는 완전히 절망하여 그저 신에게 비는 것만으로도 어느 정도의

쑨원 『런던 조난기』(전게 『국부혁명사획』)

위안을 얻을 수 있었다. 어딘지 모르게 온화한 낮과 더욱 너그러운 밤이 몇 번이고 지나갔다. 만약 기도가 가져다주는 위로가 없었다면 나는 분명 제정신을 차리지 못했을 것이다"라고 토로한 감금 중의 심경은 솔직한 고백이리라. 물론 이러한 기독교 신앙의 표명으로 영국 독자의 호감을 얻는 효과도 있었을지 모르지만 말이다.

그 후 약 8개월간의 런던 체재 중에 쑨원은 적어도 68번은 대영박물관 도서관을 다니며 정치, 외교, 법률, 경제, 군사부터 농업, 목축, 광업, 기술에 이르기까지 광범위하고 다양한 문헌을 섭렵했다. 이 무렵에 열독한 미국인 사회활동가 헨리 조지Henry George의 저서 『진보와 빈곤Progress and Poverty』은 훗날 그가 자신의 토지정책을 착상하는 데 근원이 된다. 또한 그는 도서관에 상주하다시피 하며 연구 중이던 일본인 박물학자 미나카타 구마구스南方熊楠와 친분을 쌓게 되었다. 쑨원의 "일생의 소기所期는?"이라는 질문에 미나카타는 "바라건대 우리 동양인은 한 번쯤 서양인을 국경 바깥으로 모조리 추방해야 한다"고 대답했다고 한다. 이 무렵 하와이에서는 차녀 쑨완孫琬이 태어났다.

미야자키 도라조를 만나다

1897년 7월 1일에 런던을 떠난 쑨원은 캐나다를 거쳐 8월 16일 요코하마에 도착한다. 그리고 그곳에서 재회한 천사오보를 통해 일생의 동지가 될 미야자키 도라조宮崎寅蔵(도텐滔天)를 만난다. 구마모토熊本현 출신으로, 자유민권

미야자키 도라조(전게 『국부혁명사획』)

운동의 영향을 받아 중국 혁명을 통한 세계의 변혁을 꿈꾸던 미야자키는 중의원 의원인 이누카이 쓰요시犬養毅의 주선으로 외무성 기밀비를 지원받아 중국 혁명파 조사를 시작했으며, 요코하마에서 천사오보를 만나 『런던 조난기』를 읽게 되었다. 그리고 천사오보의 집에서 처음으로 쑨원을 만난 것이다. 이때의 대화를 미야자키는 1902년 발표한 반생기半生記『33년의 꿈三十三年の夢』에 기록했다. 이것은 쑨원이 처음으로 자신의 정치사상을 자세히 말한 귀중한 기록이다.

우선 '혁명의 취지'와 그 '방법 및 수단'에 대한 미야자키

의 물음에 쑨원은 "나는 인민 스스로 자신을 다스림으로써 정치의 극칙極則(불법은 모든 법 중에서 가장 궁극적인 법칙이라는 뜻의 밀어-역자 주)됨을 믿는다. 따라서 정치의 정신으로는 공화주의를 취할 것이다"라고 명확하게 대답했다. 그리고 이것을 통해 영국 체재 중에 받았을지도 모를 회의적 혹은 냉소적 견해에 반박을 꾀한다.

혹자는 이렇게 말한다. 공화정 체제는 지나支那라는 야만국에 적합하지 않다고. 아마도 그것은 사정을 모르고 하는 말일 것이다. 애초에 공화라는 것은 우리나라 치세의 정수로서, 선현의 위업이다. 즉, 우리 국민의 옛날을 생각하는 방법은 오로지 '삼대三代의 치治'를 좇는 데서 비롯된다. 또한 삼대의 치라는 것은 실로 공화의 진수를 잘 파악하고 있다.

'삼대'란 중국의 이상적 고대 왕조 하夏, 은殷, 주周를 가리키는데 그 치세를 어떻게 '공화의 진수'로 파악했는지는 자세히 기술되지 않았다. 다만 다음과 같은 주장은 그 자신이 고향에서 체험한 전통적인 촌락 자치가 중국에 공화정 체제를 도입하는 조건이 될 수 있다는 인식을 드러낸다.

청로淸虜(청나라와 만주족)의 악정에 시달리는 벽지 황촌을
한번 보라. 그들은 실제로 스스로 다스리는 백성이다. 윗
사람을 세워서 호소를 들어주게 한 점, 향병을 두어 강도
를 막은 점, 그 외 몇 가지 공통의 이해, 모든 사안을 인민
스스로 논의하여 처리하는 점. 그러니 어찌 이들이 공화
의 백성이 아닐 수 있으랴.

쑨원이 구상하는 공화제는 중앙집권적 체제가 아니라
아무래도 연방제와 조합된 체제인 듯하다. 그는 "국내에
한번 요란한 발홍이 일어나면 지방의 호걸요처를 할거하
며 힘을 겨룬다. 길게는 수십 년이 지나도 통일되지 않는
경우도 있다"며, 혁명이 군웅할거群雄割拠(전국시대에 각지에
옹거한 영웅들이 서로 세력을 떨쳐 대립한 것-역자 주)를 일으킬 것
을 염려하여 "지금 세상에 또 기회를 틈타서 자신의 이익
을 추구하는 외강이 없다고 확신해서는 안 된다"며 열강
이 개입할 위험성도 지적했다. 하지만 오히려 유일무이한
제왕이 없는 연방공화제하에서야말로 할거 세력의 평화

공존이 가능하다고 낙관한 모양인지 "이 재앙을 피하는 길은 오로지 귓전을 때리는 신뢰迅雷처럼 쉴 새 없는 혁명을 추진하는 것이다. 동시에 지방 명망가에게 그것을 하게 해야 한다. 그리하여 명성과 위엄, 덕망 있는 자의 일부를 영웅으로 만든다. 용케도 중앙정부는 이것을 잘 이용하는지, 끝내 엄청난 분쟁을 보지 않고 결론에 이르지 않는다"고 말했다.

그리고 일본의 지원을 받아 화남으로 할거한다는 2년 반 전의 구상을 그는 계속 가지고 있었을 것이다. "지나의 백성을 위해, 아시아 황인종을 위해, 나아가 세계 인도를 위해 반드시 하늘이 우리 당을 도와주어야 한다는 것을. (중략) 우리 당은 분발하여 제군들의 희망을 저버리지 않도록 노력해야 한다. 제군들 또한 힘을 내서 우리 당의 뜻을 도우라. 지나 4억의 인민을 구하여, 동아시아 황인종의 굴욕을 씻어내고, 천하의 인도를 회복하여 옹호하는 길은 오직 우리나라의 혁명을 성취하는 데 달렸다"라며 인종적 공통성을 전제로 일본인의 협력을 구한 것은 앞서 말한 미나카타와의 대화에서 착안했는지도 모른다.

확실히 쑨원은 미야자키와의 만남으로 수많은 새로운

가능성을 열게 되었다. 미야자키를 통해 이누카이를 소개받은 쑨원은, 일본 정부로부터 체재 허가를 얻어내어 요코하마를 활동의 거점으로 삼는다. 주재 화교도 적고 적극적인 지원자도 거의 없었던 영국과는 달리, 당시 일본에는 요코하마에 상당한 규모의 차이나타운이 형성되었을 뿐 아니라 동양 민족의 연대를 통해 서양 열강에 대항하기를 꿈꾸는, 미야자키와 같은 아시아주의자가 적지 않았기 때문이다. 그 관계를 통해 쑨원은 필리핀의 독립운동가인 마리아노 폰세Mariano Ponce를 알게 되었고, 서로 무장봉기를 지원하게 된다. 그렇다면 쑨원은 미야자키 등과 같은 아시아주의자였을까? 나중에 이야기하겠지만 반드시 그렇지는 않았던 모양이다.

흥중회와 보황회의 접근과 결렬

1898년 가을, 서태후西太后가 일으킨 무술정변戊戌政變으로 실각한 변법운동辨法運動의 지도자 캉유웨이康有爲와 그의 제자 량치차오梁啓超를 일본으로 망명케 한 미야자키는 이누카이의 협력을 얻어 그들과 쑨원의 합작을 알

선한다. 광저우에 사숙인 만목초당萬木草黨을 연 캉유웨이 일족은 광저우 봉기 이전부터 홍중회와 교류했다. 그러나 일본을 모방하여 입헌군주제의 채용을 주장하여 광서제 光緒帝에게 발탁된 캉유웨이는 망명 후에는 유폐된 광서제 의 구출과 복권, 즉 '근왕勤王'을 바랐기에 왕조 타도를 목 표로 하는 쑨원과 협력하는 것을 거부했다. 캉유웨이는 1899년에 캐나다로 건너간 후 빅토리아Victoria의 차이나 타운에서 보황회保皇会를 조직하여 차츰 홍중회와 재외 화 교의 지지를 겨루게 된다.

그러나 량치차오, 그리고 후난湖南성에서 변법운동을 주도한 탕차이창唐才常은 홍중회와의 제휴에 적극적이었 다. 1899년 10월 11일, 홍콩에서 천사오보와 미야자키가 삼합회 대표 여럿과 탕자이창의 동지이자 홍중회에 가입 한 비융녠畢永年의 소개를 받아 후난성 홍문회당인 가로회 哥老會의 대표 여러 명과 만난다. 그들은 홍중회, 삼합회, 가로회를 통합하여 홍한회興漢會를 결성하고, 쑨원을 회장 으로 추대한다. 이렇게 쑨원이 주장강 삼각주의 신흥 지 식인이라는 기존의 틀을 넘어서 일본인 아시아주의자나 창장강 유역의 변법파까지 제휴 상대를 확대하자, 1898년

봄에 요코하마에 도착한 양취원은 1900년 1월 24일에 홍
중회장의 지위를 쑨원에게 물려준다. 이렇게 혁명파 내부
에서 쑨원의 지위는 확고해져갔다.

이 무렵 쑨원은 앞서 말한 헨리 조지를 언급하면서 처음
으로 토지 국유화 구상을 말했다. 이것을 들은 량치차오
는 고대 중국의 정전제井田制와 사회주의로 통하는 생각이
라며 높게 평가했다. 쑨원은 량치차오, 탕차이창 등의 세
력과 제휴하여 화중·화남에서 무장봉기를 일으키기로 계
획했다. 그것을 위한 여론 공작으로서, 1900년 1월 25일
천사오보가 홍콩에서 중국 최초의 혁명파 기관지인『중국
일보中國日報』를 창간했다. 이 명칭은 '중국은 중국인의 중
국이다'라는 종지에 근거하여 붙여졌다.

1900년 6월 6일, 쑨원은 중국에서 주일 프랑스공사인
쥘 아르망Jules Harmand을 만난다. 이때 그는 '만주 왕조의
타도와 신사회질서의 창출', 즉 '광둥, 광시, 푸젠을 중심으
로 한 독립민주공화국'을 수립하기 위해 무기와 군사고문
의 제공을 요구하고, 그 대가로서 화남지역에서의 특권 공
여를 제안했다고 한다. 아르망은 이 제안을 완곡하게 거
절했지만, 쑨원의 요구에 따라 인도차이나 총독인 폴 두메

르Paul Doumer에게 소개장을 써준다. 이런 쑨원의 행동은 5년 전 청일전쟁을 배경으로 일본에 지원을 요구한 것처럼, 제국의 중추인 허베이에서의 의화단義和團 확대와 그것을 둘러싼 청조와 열강의 대립이 첨예화한 당시의 상황과 연관이 있다. 권익의 공여라는 대가 제시는 처음이었지만, 그 후에도 그는 비슷한 행동을 반복한다. 6월 8일에 쑨원은 요코하마를 떠나 6월 17일 홍콩에 도착한다. 그러나 상륙이 금지된 상태였기에 쑨원은 선상에서 동지를 모아서 삼합회를 동원해 정스량이 봉기할 계획을 논의한 후에 하노이로 이동했다. 6월 21일에 프랑스령 인도차이나 총독부에 지원을 요청했지만 거부당했다(같은 날 청조는 여러 나라에 선전포고했다). 또한 싱가포르에서 캉유웨이와의 협의를 시도한 미야자키는 자객으로 오인받아 거절당했고, 영국령 해협 식민지 당국에 의해 구금되고 만다. 쑨원이 백방으로 움직여 미야자키는 풀려났지만, 이 일을 계기로 홍중회와 보황회는 완전히 결렬된다.

반복되는 실패와 깊어지는 위기

한편 홍콩에서는 허치가 총독 헨리 블레이크Henry Blake
에게, 같은 해부터 양광 총독 자리에 있던 리훙장을 광
둥·광시성에서 독립시키고 나아가 쑨원을 협력케 하여 영
국의 영향하에 두자고 설득하던 상황이었다. 무장봉기로
빚어진 혼란과 영국 권익에 대한 영향을 피하려는 목적이
었지만, 화남에서의 할거라는 쑨원의 구상과도 모순되지
는 않았다. 또한 북방에서 진행 중인 의화단전쟁에 대해
성쉬안화이의 주장으로 리훙장을 포함한 화중·화남의 총
독 쉰푸巡撫가 조정의 선전포고를 무시하고 여러 나라와
협정을 맺은 '동남호보東南互保'도 그 배경 중 하나다. 하지
만 블레이크를 설득하는 데는 성공했으나 결국 본국 정부
의 허가를 얻지 못했고, 또 전쟁에 대처하기 위해 조정으
로부터 즈리 총독 겸 베이양 장관으로 임명된 리훙장이 7
월 16일 광저우를 떠나 홍콩을 거쳐 베이징으로 향했기에
이 양광 독립 계획은 실패로 돌아간다.

그래도 쑨원은 허치의 협력을 얻어 양취윈, 천사오보,
정스량, 덩인난, 셰쫜타이 등과 연명으로 블레이크에게
제출할 상서와 함께 청조를 대신할 새로운 정권 구상을 작

성한다. 후자에는 헌법 제정, 의회 개설, 사법·과학의 개혁과 같은 기존의 것보다 구체적인 제도 변화를 기술했다. 또한 여러 나라의 공사, 총영사를 중앙·지방정부의 고문으로 삼고, 산업과 교통의 이익을 균등하게 나눠야 한다고 기록했다. 영국뿐 아니라 여러 나라의 협력을 얻어 신체제를 수립하리라는 의도를 드러낸 셈이다. 하지만 8월 14일에 8개국 연합군이 베이징에 입성하여 서태후, 광서제가 시안西安으로 피난하자 영국이 할거세력을 원소할 필요가 없어졌기에 이 구상이 영국 당국의 주의를 끄는 일도 없었다. 또한 창장강 유역에서 봉기한다는 계획도 청조 당국의 탄압으로 탕차이창이 체포·처형됨으로써 무산되었다. 이렇게 한 명, 또 한 명 쑨원의 제휴 상대가 사라져갔다.

9월 28일에 쑨원은 일본의 식민지였던 타이완 지룽基隆에 도착한다. 이보다 앞서 타이완 총독인 고다마 겐타로児玉源太郎는 북방의 전란을 틈타 건너편인 푸젠성 샤먼 점령을 계획했으나 각국과 본국 정부의 반대에 부딪혀 실패한 후 재기의 기회를 노리고 있었다. 고다마의 뜻을 받아들여 쑨원과 타이베이에서 만난 민정장관 고토 신페이後

藤新平는 봉기군이 광둥성 동부의 연안지대에서 무기 공급을 받아 샤먼까지 동진하여 해당 지역의 타이완 은행 지점이 소장한 자금을 탈취하도록 권했다고 한다. 이것을 군사 개입의 구실로 삼아 일본이 샤먼을 점령하고, 그 대가로 일본의 지원을 받는 것에 쑨원은 동의한 것 같다. 이것이 사실이라면, 쑨원은 봉기 성공을 위해서라면 영토 할양조차 불사했다는 말이 된다.

이때 쑨원이 얼마나 절실히 지원을 필요로 했는지는 타이베이 체재 중에 그가 보낸 한 통의 편지에도 잘 나타나 있다. 그 상대는 5년 전, 광저우 봉기 때 인연을 맺은 류쉐쉰이었다. 그는 리훙장의 뜻에 따라 1년 전에 도쿄에서 쑨원을 만나 캉유웨이의 포획 혹은 암살에 협력할 것을 요구했다고 한다. 이 해에 류쉐쉰은 이미 광저우에서 미야자키와, 또 상하이에서 쑨원과 접촉했다. 이 편지에서 쑨원은 광저우 점령을 목표로 하는 봉기계획의 진전 상황을 크게 과장하여 전하며, 여기에 더해 류쉐쉰의 협력을 얻을 수 있다면 "호칭이 총통이 됐든 제왕이 됐든 나는 반드시 귀군을 봉하여 취임하게 할 것이다"라고 약속했다. 적어도 일시적으로는 공화제의 수립을 단념하면서까지 쑨원은 자기가 펼치는 운동에 지원을 필요로 했다. 하지만 이 공작도 결국 미수로 끝났다.

10월 6일, 정스량이 고향인 후이저우惠州부 구이산현에서 거병하여 봉기군이 차례로 관군을 격파했고, 한때는 약 2만 명까지 규모를 확대했다. 그리고 쑨원의 지시를 받아 광저우 공격계획을 변경하여 샤먼으로 향했다. 하지만 타이완 총독부는 본국의 내각 교체 등의 이유로 지원 방침을 철회했다. 보급이 끊긴 봉기군은 10월 22일 해산할 수밖에 없었다. 이때 쑨원이 파견하여 전선으로 향하던 야마다 요시마사山田良政가 관군에게 체포·살해당함으로써 중국 혁명 최초의 외국인 희생자가 되었다.

이렇게 후이저우 봉기가 실패로 끝나자 11월 10일 쑨원은 총독부에 의해 타이완에서 추방당해 일본으로 돌아갔고, 천사오보는 홍콩에서『중국일보』를 계속 발행했다. 양취원, 정스량은 연이어 청조의 밀정에게 암살당했으며, 셰쫜타이는 점차 독자적인 정치·언론활동에 전념하게 된다. 한편 의화단전쟁에 패배하여 각국과 굴욕적인 신축조약辛丑條約을 체결한 청조의 권위는 땅에 떨어졌고 망국의 위기는 한층 깊어졌다.

이처럼 제국의 최남단에서 아직 학생 티를 벗지 못한 청년들의 살롱에서 시작된 왕조 타도의 음모는 국내의 모든 세력과 여러 나라의 정부 당국과도 당당히 논쟁하는 지도자로 성장한 쑨원에 의해, 비록 성공의 전망은 보이지 않았지만 점차 중국 그리고 동아시아의 동향에 미묘한 영향을 미치는 본격적인 혁명운동으로 탈바꿈하고 있었다. 당시 쑨원의 나이 서른넷. 더는 청년이라 할 수는 없는 나이였다.

제2장
떠돌이 예언자

1905년의 쑨원(전계 『쑨중산』)

1 아우들

형님으로서

의화단전쟁의 패배는 청조의 권위를 실추시켰을 뿐 아니라 적어도 약 1,000년에 걸쳐 전제왕조 체제와 불가분의 관계에 있었던 유교 이데올로기라는 가치체계 자체를 흔들어놓았다. 그 결과 중국 국가와 사회는 근본적인 변화를 강요받게 되었다. 청조가 도입한 '광서신정光緒新政'이라고 불리는 각종 개혁정책은 요약해서 말하자면 근대 국가의 건설이라 할 수 있을 것이다.

가장 상징적인 정책이 1905년의 과거제 폐지다. 또한 그것과 표리일체를 이루는 것이 구미·일본 유학의 장려다. 이것을 통해 모두 통치에 참여하는 인재에게 요구되는 학식이 유교적 교양에서 근대적 과학으로 전환했음을 알 수 있다. 그리고 근대 서양의 학술을 효율적으로 소화·흡수한 메이지시대(1868~1912)의 일본이 가장 가깝고 가기 쉬운 유학 국가로 선택되어 1905년부터 1906년에는 중국인 유학생 수가 약 8,000명에 달했다. 이것은 제1장 앞부분에서 말한 수도 베이징을 정점으로 하는 중국 지식인의 사회적 상승의 피라미드와는 다르게 제국 각지에서 톈진, 상하이, 홍콩 등의 항만도시를 거쳐 일본의 수도인 도쿄로 이어지는 지식인 순례 경로가 형성되었다는 것을 뜻한다. 또한 역으로 이 루트를 거슬러 새로운 지식과 사상도 중국 국내로 흘러들었다.

이 일본 유학생 네트워크가 화교 네트워크와 교류함으로써 쑨원의 혁명운동은 새로운 제휴 상대를 찾게 된다. 이때 서로를 이어준 사람은 최연소 흥중회원인 펑쯔유馮自由였다. 그는 흥중회 요코하마분회장을 맡았던 펑징루의 아들로, 1895년 흥중회 설립 당시 불과 열넷의 나이에 흥중회에 가입했다. 또한 앞서 말한 것처럼 쑨원이 량치차오와 토지정책을 논할 때도 동석했다.

1901년 봄, 청조가 광둥성을 프랑스에 할양한다는 뜬소문이 나돌자 이 조숙한 젊은이는 광둥성의 독립을 주장하기 위해 홍콩의 부상富商 집안 출신이자 이듬해 자신의 의형이 되는 리쯔중李自重(18세)과, 쑨원과 교류가 있었던 왕위추 목사의 아들인 왕충후이王寵恵(19세) 등 광둥성 출신의 유학생, 그리고 광둥성 출신자가 많은 요코하마 화교 흥중회원과 함께 광둥독립협회를 결성한다. 여기에는 쑨원도 지지를 보냈다. 열강의 압박에 대한 민족주의적 위기감을 품은 일본 유학생 앞에서 쑨원이 형님다운 선구적 혁명가로서 모습을 드러내기 시작한 것이다.

삼단계 혁명론

당시 쑨원은 자신의 혁명이론을 더욱 발전·심화시켰다. 대토지 소유를 비판하며 토지 국유화를 주장하는 한편, 과거 미야자키 도라조를 처음 만났을 때 그에게 말한 것처럼 제위帝位를 원하는 야심가들의 투쟁에서 비롯한 군웅할거를 경계하고, 그것을 예방하기 위해 단계적인 혁명을 구상하기 시작한 것이다. 우선 제1단계에서 군 정부가 점령 지역을 군법에 의해 지배하고, 제2단계에서는 군 정부의 통제하에서 병사, 군량의 제출을 의무화하면서 지역 주민에게 학교, 경찰, 도로 등의 자치를 행하게 하여 5년간의 '약법約法', 즉 '군 정부와 지역 주민의 계약에 의한 통치'라는 과도기를 거쳐 군 정부의 간섭을 철폐하는 제3단계에 도달한다는 계획이다. '제왕사상'을 품은 야심가에게는 군량의 제공을 정지하고, 군량 공출을 거부하는 지방은 다른 지방이 공동으로 징벌하면 되므로, 이것을 통해 군웅할거를 막을 수 있고, 나아가 외국에 간섭의 빌미를 제공하지 않으리라고 쑨원은 생각한 것이다. 결국 이 삼단계 혁명론은 그의 독자적 이론으로서 더욱 발전하게 된다.

일본인에게 호소하다

한편 쑨원은 연이어 요코하마, 도쿄를 활동의 거점으로 삼고 일본인에게 지속적으로 지원을 호소했다. 1901년 12월 20일, 이타가키 다이스케板垣退助, 이토 히로부미伊藤博文, 이누카이 쓰요시 등이 참여한 유력 아시아주의 단체 도호쿄카이東邦協会는 자신들의 기관지機關誌에 쑨원이 쓴 「지나의 보전·분할에 대해 함께 논의하다」라는 글을 게재한다. 청일전쟁에서 의화단전쟁을 거쳐 열강의 중국 분할이 진행되는 가운데 일본에서는 중국에 대한 자세를 둘러싸고 '안전'파와 '분할'파가 등장했다. 이때 쑨원은 "어느 쪽도 옳지 않다"고 주장했다.

다시 말해 "강대한 이웃나라에 넘겨주는 일이 있더라도 국내 역적에게는 빼앗기고 싶지 않다", 혹은 "지나의 토지를 타인에게 바치는 일은 있더라도 한족에게 반환하고 싶지는 않다"고 말할 정도로 만주인은 "깊이 한인漢人을 증오하고 있으므로 마음을 하나로 모아" 중국을 보전하기는 불가능하다는 것이다. 또한 "지나 인민은 외국인이 보면 따로따로 놀며 애국심이 없는 것처럼 보인다. 적진을 만나면 싸우지도 않고 도망치며, 사업을 하면 서로 견제하느라 분발하지 못하기 때문이다. 이것은 바로 청조 정부 지배하에 있기 때문"이라며, 연이은 패배의 원인을 만주 왕조와 한인 민중의 갈등으로 결론짓는다.

하지만 "한인 중에 청조를 위해 사력을 다할 이는 없"지만, "나라를 잃은 지 약 200년, 더는 부흥의 마음을 잃지 않고 이종족 지배의 재앙에서 벗어나기를 바라"고 있으며, 또한 "만약 열강이 동일한 풍속과 공통적 성질을 지닌 우리 종족을 분할하려 한다면 그것은 (중략) 실로 지나인의 천성을 크게 거스르는 일이다. 지나인은 유약하고 전투적이지 않지만, 반드시 죽음을 불사하고 저항할 것"이라며 열강에 의한 중국 분할에도 반대했다. 보전도 분할도 곤란하다면 "지나의 인사가 그 국세에 근거하여 그 민정에 따라 스스로 새로운 지나를 재건하도록 맡기는 수밖에 없다. 그러려면 어떻게 해야 할까? 그것은 잠시 비밀로 해두 겠다. 우리 당은 쓸데없는 말을 삼가며, 장래에 현실이 될 기회를 엿보고 있다. 그러니 잠시 진정하고 기다려주기 를"이라고 쑨원은 일본인에게 호소했다.

외국의 지원을 얻어 화남 할거를 기획해온 쑨원도 의화 단전쟁을 거치며 열강에 대한 경계심이 커진 듯하다. 하 지만 그는 1902년 12월 4일에 일본을 떠나 다시 프랑스령 인도차이나로 건너가 하노이, 사이공에서 수십 명의 화교 를 흥중회에 가입시키는 한편, 총독 폴 보Paul Beau에게 만 주 왕조를 타도하고 창장강 이남에 연방 공화국을 수립할 구상을 피력했다. 인도차이나를 무장봉기의 기지로 삼기 위한 지원 요구는 프랑스 본국 정부의 청조 지지 방침을 이유로 거절당했지만, 쑨원은 여전히 열강을 이용 가능한 대상으로도 인식하고 있었던 셈이다.

지식인 네트워크에 접근하다

그러나 1903년 7월 22일에 쑨원이 요코하마로 돌아왔을 때, 재일 유학생들 사이에서는 제국주의에 대한 경계심으로 오히려 민족주의가 고양된 상황이었다. 신축조약 체결 후에도 동북부에서 철군하기를 거부하는 러시아에 항의하기 위해 1년 전에 펑쯔유 등이 조직한 민족주의 단체 청년회青年會를 중심으로 거아拒俄(반러) 의용대義勇隊가 결성된다. 그들은 머지않아 군국민교육회軍國民教育會로 명칭을 바꾸고 '상무尙武정신을 양성하고 애국주의를 실행한다'고 주장하기에 이른다.

청조 당국은 일본 정부와 손잡고 군국민교육회를 탄압하여 해산시키는데, 이러한 당국의 대응을 혈기 왕성한 일부 청년들은 그야말로 '강대한 이웃나라에 넘겨주는 일이 있더라도 국내 역적에게는 빼앗기고 싶지 않다'는 자세로 받아들였다. 따라서 자연히 만주 왕조와 한인 민중을 적대적으로 인식하는 민족의식이 강해졌다. 또한 실현하지 못했다고는 하나 재일 유학생이 '상무'를 주장하며 스스로 전장에 나갈 결의를 보인 것은 문文을 중시하고 무武를 경시하는 중국 지식인의 전통적 가치관의 전환을 의미했다.

이것은 일본의 무사도에 자극받은 것이라 할 수 있다.

당시의 재일 유학생은 민족의식을 고취하는 한편 근대적인 정치·사회사상을 적극적으로 흡수했기에, 한인에 의한 입헌공화국 수립이라는 쑨원의 주장을 받아들일 소지가 있었다. 청년회 등의 급진파 재일 유학생은 지방자치론에 근거하여 출신 성별로 후난의『유학역편遊學譯編』, 후베이湖北의『호북학생계湖北學生界』, 즈리의『직설直說』, 저장의『절강조浙江潮』, 장쑤江蘇의『강소江蘇』등의 잡지를 간행했다. 그리고 중국의 개혁, 나아가 혁명을 부르짖는 언론활동을 전개하는 동안 선구적 인물로서 쑨원을 주목하게 된 것이다.

1903년 9월 21일에 간행된『강소』가 앞서 소개한「지나의 보전·분할에 대해 함께 논의하다」를 옮겨 실은 것은 양쪽 모두의 사상적 접근을 나타내는 것이리라. 또한 이러한 재일 유학생들의 언론·정치활동은 앞서 말한 지식인 네트워크를 통해 중국 내 각지에서도 지지자를 얻었다. 일본 유학을 마치고 돌아간 쩌우룽鄒容(18세)이 상하이에서 간행한『혁명군革命軍』은 혁명 선전도서로서 중국 내외에서 큰 반향을 일으켰다.

이때 쑨원과 재일 유학생의 관계를 한걸음 전진시킨 이는 역시 펑쯔유였다. 1년 전 그는 광둥 학생 향우회장을 맡았는데, 광둥성에서 온 26명의 유학생을 요코하마항에서 맞이했다. 이 중에는 훗날 쑨원의 측근이 될 뿐 아니라 중국 국민당 원로까지 올라가는 인물, 즉 후한민胡漢民(33세)이 포함되어 있었다. 일본으로 돌아온 쑨원에게 펑쯔유는 리쯔중이나 후한민의 사촌동생인 후이성胡毅生(20세), 그리고 샌프란시스코의 화교 가정 출신으로 홍콩의 황인서원皇仁書院(중앙서원의 후신)에서 공부한 랴오중카이廖仲愷(26세)와 같은 광둥성 출신 유학생을 소개한다.

잡지 『강소』(장난張枬·왕런즈王忍之 주편 『신해혁명 전 십년 간 시론선집辛亥革命前十年間時論選集』, 三聯書店, 1977년, 제1권 상권)

1903년 8월경 쑨원은 14명의 재일 유학생을 모아(12명은 리쯔중, 후이성 등의 광둥성 출신), 육군 대위 히노 구마조日野熊蔵를 초빙하여 군사학을 강의하는 학교를 조직했다. 이것은 그야말로 앞서 말한 '상무' 지향을 배경으로, 쑨원이 처음으로 재일 유학생을 조직해서 결성한 단체이다. 또한 이것은 그의 경제사상(토지정책)이 혁명운동 강령에 추가되는 기회가 된다. 학생들이 입학할 때 "달로를 몰아내고, 중화를 회복하며, 민국을 창립하고, 지권을 평균한다"고 선서하게 한 것이다. 이것은 민족주의나 공화주의에 더해, 넓은 의미에서 사회주의(토지 국유화)라는 최신 정치사상을 받아들인, 포괄적이고 망라적인 혁명 이념의 단적인 표명이라 하겠다.

한편 미야자키 도라조는 후이저우 봉기가 실패하자 좌절한 나머지 로쿄쿠시浪曲師(판소리와 비슷한 일본 전통 음악인 로쿄쿠를 하는 사람-역자 주)가 되어 시라나미안 도텐白浪庵滔天이라는 이름으로 활동하는 한편, 중국 혁명 지원의 경위를 서술한 자신의 반생기『33년의 꿈三十三年の夢』을 1902년에『니로쿠신보二六新報』에 게재했다. 이것은 머지않아 단행본으로 출간되는데, 이듬해에는 장스자오章士釗(필명은 황중황黃中黃)에 의해『대혁명가 쑨이셴大革命家孫逸仙』, 2년 후에는 진톈허金天翮(필명은 진이金一)에 의해『33년 낙화몽三十三年落花夢』이라는 두 종류의 중국어 초역이 연달아 상하이에서 출판된 것도 역시 일본과 중국에 걸친 지식인 네트워크를 통한 정보 전달에 의한 것이리라. 그리고 이 것은 쑨원의 혁명운동이 중국 지식인에게 이해받고 동지 를 모아가는 하나의 계기가 된 것이다.

다시 하와이로

이렇게 도쿄에서 새로운 지식인 네트워크와 접촉하며 혁명운동의 '아우들'을 얻기 시작한 쑨원은 또 다른 네트 워크를 다시 장악하기 위해 나선다. 그는 1903년 9월 26 일, 일본을 떠나 10월 5일에 하와이에 도착한 후 재외 화 교의 지지를 둘러싸고 수년에 걸쳐 이어지는, 보황회保皇 会와의 논쟁을 시작했다. 앞서 1899년 쑨원의 소개로 하 와이를 방문한 량치차오가 보황회 활동을 하면서 흥중회 로부터 하와이 주재 화교의 지지를 빼앗았기 때문이다.

쑨원은 입헌군주제를 주장하는 보황회의 기관지『신중 국보新中国報』에 대항하기 위해 친족이 호놀룰루에서 발행 하던『단산신보檀山新報』지면을 통해 만주왕조의 타도와 공화정 체제의 도입을 주장한다. 또한 호놀룰루와 하와이 힐로Hilo에서 연설회를 개최하고 쩌우룽의『혁명군』을 배포하는 등 선전에도 힘썼다. 그리고 이 소책자와 관련지어서 새로운 중화혁명군을 조직하고, 가입자에게는 "달로를 물리치고, 중화를 회복하며, 민국을 창립하고, 지권을 평균한다"고 선서를 하게 했다. 이렇게 쑨원은 혁명운동의 자금원으로서 하와이 주재 화교의 지지를 보황회로부터 다시 빼앗아오기 시작한다.

미국 본토에서의 활동

지지 기반을 더욱 확대하기 위해 미국 본토로 건너갈 계획을 세운 쑨원은 호놀룰루에서 두 가지의 절차를 밟는다. 우선 북미 각지에서 강한 세력을 떨치고 있던 치공당致公黨의 협력을 얻기 위해 1904년 1월 11일에 스스로 치공당에 가입했다. 또한 1898년에 하와이를 병합한 미국이 중국인의 입국을 엄격히 제한했기 때문에, 자신이 오아후에서 태어났다는 증명서를 1904년 3월 9일에 하와이 주정부로부터 받아 3월 13일에 재판소에서 선서하고 미합중국의 여권을 취득했다. 이것은 민족주의 혁명을 위해 제국주의 열강의 지원을 원한 것과도 일맥상통하는 대목이다.

그러나 목적을 위해서 수단을 가리지 않는 쑨원의 행동은 이따금 후대 사람을 당황하게 만든다.

하지만 3월 31일에 호놀룰루를 떠난 쑨원은 4월 6일 샌프란시스코에 도착한 후 이민국에 의해 부두 부근의 목조 창고에 구금된다. 쑨원의 동향을 호놀룰루 보황회 회원이 샌프란시스코의 동지에게 전했고, 그것을 보고받은 샌프란시스코 주재 청국 총영사가 미국 당국에 쑨원의 여권은 위조 여권이라며 입국을 허가하지 말 것을 요청한 것이다. 약 3주 후 겨우 샌프란시스코 치공당 간부인 황싼더黃三德의 노력으로 구출된 쑨원은 기독교회의 협력을 얻어 『혁명군』을 1만1,000부 인쇄하여 북미와 동남아시아 각지의 차이나타운에 보냈다. 한편으로 치공당을 혁명운동의 지지 기반으로 삼기 위해 새로 규정을 기초하였는데 역시 종지는 '달로를 물리치고, 중화를 회복하며, 민국을 창립하고, 지권을 평균한다'로 정한다. 그리고 약 반 년에 걸쳐 황싼더와 함께 미국 각지를 돌며 연설하고 치공당 회원의 재등록을 위해 노력했다.

한편 쑨원은 미국인 C. E. 맥윌리엄스C. E. McWilliams의 권유로 예일대학에 유학 중이던 왕충후이의 조력을 얻어 소책자 『중국 문제의 진정한 해결』을 집필하고, 같은 해 가을에 뉴욕에서 출간했다. 이 책은 의화단과 같은 배외운동을 만주인의 선동으로 귀결시키는 한편, "중국의 각 성과 개명적 정부의 수립은 중국인뿐 아니라 전 세계에 유익하다. 전 국토가 외국 무역에 개방되고, 철도가 부설되며, 천연자원이 개발되어 인민은 유복해지고 그 생활수준은 향상되며, 외국 상품에 대한 수요가 확대되어 국제무역은 현재의 100배까지 성장할 것"이라며 중국의 발전이 미국에도 이익을 가져올 것임을 강조한다. 그리고 "시대착오적인 달단韃靼(몽골) 왕정체제를 '중화민국'으로 바꾸기" 위해서, "기독교 국민"이자 "자유와 민주주의의 옹호자"인 미국인에게 라파예트La Fayette와 같은 협력을 요구한다고 역설했다. 이렇게 중국인과 외국인이 공유할 수 있는 가치를 제시하여 그것을 실현하기 위해 중국 혁명에 지지를 호소하는 것은 쑨원의 대외 선전에 일관적으로 보이는 특징이다.

또한 이 소책자를 도쿄의 사회주의 단체인 헤이민샤平民社에 송부했다. 같은 해 12월 25일 고토쿠 슈스이幸徳秋水가 일본어로 번역한 번역본이 『헤이민신문平民新聞』에 '혁

명조 지나 문제의 참된 해결革命潮支那問題真個の解決'이라
는 제목으로 게재된 것은 일본의 사회주의자와 접점이 있
었다는 사실을 엿보게 한다. 또한 사촌 형제간인 후한민,
후이성이 이 책을 중국어로 번역하여 1906년 1월 4일에
요코하마에서 중·영 합본인『지나문제진해支那問題真解』라
는 제목으로 발행했는데 이 제목은『헤이민신문』판을 참
조했다는 사실을 나타낸다.

유럽에서의 활동

1904년 12월 14일, 쑨원은 뉴욕을 출발하여 런던으로
향하는데 이 무렵 유럽 각지에서는 '아우들'이 그가 오기
를 기다리고 있었다. 앞서 말한 도쿄의 군국민교육회의
핵심을 이루던 혁명파 재일 유학생은 중국 국내에 침투하
기 위해 귀국하여 창장강 중·하류 지역의 동지를 흡수하
여 화흥회華興會(창사長沙), 광복회光復會(상하이)와 같은 혁명
단체를 조직했다. 그리고 선구적 혁명가로서 쑨원을 맹주
로 모시기 위해 그들 중에서도 유럽에서 유학 중인 이들이
준비를 하고 있었던 것이다. 쑨원은 브뤼셀, 베를린, 파리

쑨원(중간 열 오른쪽에서 두 번째)과 파리 유
학생들(전게 『국부혁명사획』)

를 연달아 방문
하여 수십 명의
혁명파 유학생에
게 가입 의식을
행했다. "달로를
몰아내고, 중화
를 회복하며, 민

국을 창립하고, 지권을 평균한다"고 선서한 그들 한 사람
한 사람에게 쑨원은 "축하하네. 이제 자네는 청조의 사람
이 아닐세"라고 선언했다고 한다. 점점 늘어나는 '아우들'
을 그는 믿음직스러워했을 것이다.

또한 쑨원은 유학생의 소개로 1905년 5월 중순 브뤼셀
에서 국제 사회주의 노동단체 제2인터내셔널The Second
International 사무국을 방문하여 자신의 혁명 세력을 받
아들여줄 것을 요청했다. 그는 중국 혁명의 목표로서 만
주인 지배자를 몰아내고 토지를 공유화하는 구상을 제시
하며, 중국은 자본가가 노동자를 착취하는 자본주의 단계
를 거치지 않고 중세에서 사회주의에 이르러야 한다고 역
설했다고 한다. 나중에 설명하겠지만 혁명을 통해 중국을

구미 국가를 능가하는 최첨단 국가로 만든다는 이른바 '근대의 초극超克'을 그는 전 생애에 걸쳐 지향했다.

또한 쑨원은 파리에서 프랑스 정부에 중국 혁명을 지원해줄 것을 요구하는 합의를 시도했다. 같은 해 2월 11일에 그는 프랑스 외무성 아시아과장인 필립 베르틀로Philippe Berthelot에게 미국에서 발행한 자신의 저서『중국 문제의 진정한 해결』을 보냈다. 또한 외무성 관리인 라파엘 레오Raphaël Réau에게 광둥, 광시, 구이저우貴州, 후난을 포함하는 연방 국가를 수립할 구상을 피력했다. 이 화남연방은 유럽을 본떠 공화제를 채택한 것이지만, 쑨원은 우선은 군사독재를 수립할 필요가 있다고 주장했다. 이것은 앞서 말한 삼단계 혁명론에서 비롯한 것이리라. 그리고 진행 중이던 러일전쟁에서 프랑스가 지지하는 러시아가 고전하던 상황을 이유로 들어, 일본 세력에 대항하여 공동의 경제 발전을 꾀할 수 있다는 점에서 인도차이나에서 프랑스가 얻은 이익과 쑨원이 제시하는 화남 정권을 통해 얻는 이익이 일치한다고도 말했을 것이다. 한 열강의 지지를 얻기 위해 다른 열강을 가상의 공통의 적으로 설정하는 논법을, 그 후에도 쑨원은 곧잘 이용했다.

이러한 외교활동의 성과는 나중에 명확한 형태로 나타난다. 그 전에 쑨원은 일본에 돌아갈 준비를 서둘렀다. 더욱 많은 '아우들'을 결집해서 혁명운동의 대본영을 조직하기 위해서였다.

2 중국동맹회

새로운 혁명단체 '중국동맹회'

6월 11일에 마르세유항을 떠난 쑨원은 도중에 싱가포르에서 옛 친구와 재회한다. 1901년에 싱가포르로 떠난 홍중회원, 여우례였다. 무장봉기 당시 눈에 띄는 활동을 하지 않았던 그도 재외 화교에 대한 선전활동에는 적극적이었다. 1904년에는 홍콩『중국일보』의 기자를 싱가포르로 초대하여 동남아시아 최초의 혁명파 기관지『도남일보圖南日報』를 창간한 것이다. 쑨원은 그에게서 여러 명의 지지자를 소개받았고, 이것을 계기로 싱가포르는 혁명운동의 중요한 거점 중 하나가 된다.

7월 17일, 요코하마에 도착한 쑨원은 곧 혁명파 재일 유

학생의 대표 격으로 화홍회의 정·부회장을 역임한 황싱黃
興(30세)을 만난다. 그들을 이어준 사람은 도쿄에서 쑨원의
대리인을 자처했던 미야자키 도라조였다. 다시 중국 혁명
에 가세한 미야자키 등 일본인 지원자의 조력을 얻어 일
찍이 7월 30일에는 약 70명의 유학생을 모아 새로운 혁명
단체의 결성 준비회가 열렸다. 여기에는 황싱, 쑹자오런朱
敎仁 등의 구 화홍회원을 중심으로 한 창장강 유역 출신뿐
아니라 펑쯔유, 후이성과 어울리던 왕징웨이汪精衛(22세),
주즈신朱執信(19세) 등 광둥성 출신 인물도 가세했다. 출신
성을 단위로 해온 기존의 틀을 뛰어넘는 이 새로운 혁명단
체의 명칭은 중국동맹회中國同盟會다. 종지는 역시 '달로를
몰아내고, 중화를 회복하며, 민국을 창립하고, 지권을 평
균한다'로 정해졌다.

쑨원의 인종관

8월 13일, 재일 유학생들이 마련한 쑨원 환영회가 도쿄에서 열린다. 1,000여 명의 '아우들'(그리고 아마도 소수의 '여동생')을 앞에 둔 그는 넓은 국토와 많은 인구, 그리고 오랜 문명을 지닌 중국이 최첨단 체제인 입헌공화제를 채택한다면 구미 선진국에도 뒤지지 않을 세계 제일의 국가가 될 수 있다고 장밋빛 미래를 예언했다. 이때 다음과 같이 말한 것이 흥미롭다.

지금의 중국 인민 수준으로는 아직 공화제를 채택할 수 없다고들 합니다. 하지만 그렇지 않습니다. 우리 인민의 수준은 오히려 다른 나라보다 높습니다. 저는 일본에서 태평양을 건너 미국으로 가는 도중에 하와이를 경유했는데, 그곳은 불과 100년 전에는 야만적인 토지에 불과했습니다. 심지어 원주민은 한 영국인이 방문하자 그를 잡아먹으려고까지 했지만(제임스 쿡James Cook이 원주민에게 죽임을 당한 일을 가리키는 것일까) 나중에는 외국인과 교류함으로써 야만인에서 벗어나 일약 공화제로 나아갑니다(하와이혁명을 가리킨다).

최첨단 서양 문명을 받아들이는 능력 면에서 중국인이 하와이 원주민보다 뛰어나다는 주장은 과거 자신을 놀린 하와이 소년들보다 더욱 빨리 영어를 습득한 자신의 체험에서 비롯된 것인지도 모른다. 또한 이 연설에서 쑨원은 다음과 같이 말했다는 자료도 존재한다. 중국인을 백인과 비백인의 중간에 둔 것이 공통점이다.

필리핀인은 토착 야만인이지만 스페인, 미국이라는 2대 국에 저항하며 독립을 꾀하여 공화제를 수립할 수 있었습니다(1899년 에밀리오 아기날도Emilio Aguinaldo가 필리핀공화국을 수립하고 스페인 대신 식민지화하려는 미국에 저항했으나 1901년에 붙잡혀 항복함). 북미 흑인은 예전에는 모두 사슴이나 돼지처럼 어리석었지만 지금은 모두 자유민이 되었습니다. 중국에서 공화제를 채택할 수 없다는 주장은 중국인을 필리핀인이나 북미의 흑인 노예보다 못하다고 깎아내리는 것이므로 옳지 않습니다.

제1장에서 말한 필리핀 혁명파와의 교류를 상기한다면, 쑨원이 이렇게 말했다는 사실이 돌연 믿기 힘들다. 하지만

어찌됐든 이것은 당시의 유행하던 적자생존適者生存, 우승 열패優勝劣敗라는 사회진화론에서 비롯된 인종관이다. 같은 시대를 살던 일본인의 세계관과도 비슷할 것이다.

삼대주의의 제창과 삼단계 혁명론의 변화

재일 유학생을 파견하지 않았던 간쑤甘肅성을 제외하고 17개 성 모두에서 가입자를 모은 중국동맹회는 8월 20일 결성대회를 개최한다. 그리고 쑨원을 총리, 황싱을 부총리 격인 서무간사로 선출하고, 앞서 기술한 네 가지 항목을 종지로 삼는 총장總章을 가결한다. 9월 1일에는 고향에 갔다 돌아온 랴오중카이와 후한민이 쑨원의 거처를 방문하여 중국동맹회에 가입했다. 이때 두 사람은 익숙지 않았던 '지권을 평균한다'는 주장에 대해 쑨원에게 자세한 설명을 들었다. 최초의 무장봉기에서 죽마고우인 루하오 둥을 잃은 지 약 10년, 서른여덟의 쑨원은 자신의 사상과 활동에 더욱 많은 젊은이를 끌어 모을 카리스마를 지닌 혁명 지도자가 된 것이다.

이렇듯 도쿄의 유학생 사이에서 지지자를 모으게 된 쑨

잡지『민보』(전게『쑨중산』)

원은 혁명운동의 목표와 방책을 더욱 명확하게 표명해야 했다. 11월 26일 미야자키의 자택을 발행처로 창간되어 후한민이 편집장을 맡은 중국동맹회의 기관지『민보民報』에서 쑨원의 구상이 체계적인 혁명이론으로서 제시된다.『민보』의 창간사에서 쑨원은 "내 생각에 구미의 진화는 모두 삼대주의에 의해 이루어졌다"며 처음으로 자신의 주장을 '민족주의, 민권주의, 민생주의' 세 항목으로 정리하고 이 세 가지를 단선적이고 보편적인 인류사의 발전 과정상에 질서 있게 정리했다.

나아가 "현재 중국은 1,000년에 걸친 전제의 독이 사라지지 않고 이민족에게 고통 받으며 외국의 협박을 받고 있으므로 민족주의와 민권주의는 한시도 소홀히 할 수 없을 정도다. 하지만 민생주의는 구미에서는 이미 적폐가 되어 해결하기 어렵다고 우려하지만, 중국만큼은 아직 깊게 곪

지 않았으므로 청산하기 쉽다"고 말했다. 즉 빈부의 격차에 의한 계급 충돌이라는 "장래의 중환"을 예방하기 위해서 "우리가 민생주의를 바로잡는다면 최첨단으로 발달하고 재앙을 미연에 방지하여 (중략) 구미를 뒤돌아보면, 그들도 나중에 놀라서 눈을 휘둥그레 뜨게 될 것"이라고 주장했다. 바로 이것이 중국이 구미를 능가하는 국가가 되기 위해 쑨원이 쓴 처방전이었다.

『민보』는 6대 방침으로서 '(1)작금의 열악한 정부를 전복한다 (2)공화정 체제를 건설한다 (3)토지를 국유화한다 (4)세계의 참된 평화를 유지한다 (5)중·일 양국의 국민적 연합을 주장한다 (6)세계 각국이 중국의 혁신사업에 찬성하도록 요구한다'를 내세웠다. 앞의 세 항목은 두말할 필요 없이 쑨원의 삼대주의에 해당하며, 뒤 세 항목도 그가 추구해온 대로 열강과 손을 잡자는 주장이다.

『민보』는 랴오중카이, 후한민, 왕징웨이, 주즈신 등 광둥성 출신 인물을 중심으로 량치차오가 주재하는 보황회 기관지인 『신민총보新民叢報』와 격렬한 논쟁을 벌인다. 그 주요 논점은 그야말로 삼대주의의 각 항목과 대외관계, 즉 ①종족 혁명의 타당성(만주인은 중국인에 속하는가) ②공화정

체제의 적합성(중국인은 선진적인 체제를 운용할 수 있는가) ③
토지 국유화의 정당성(경제적 평등을 평화적으로 실현할 수 있는
가), 그리고 ④혁명이 '과분'을 초래할 위험성(혼란을 틈탄 열
강의 간섭을 막을 수 있는가)이었다. 종합하자면, 혁명의 목표
를 역설하는 삼대주의의 각 항목을 둘러싼 논쟁은 이상주
의적 혁명론과 현실주의적 개량론의 대립이었다. 즉 교조
인 쑨원과 그에게 귀의한 문제門弟들의 신념은 세계 최첨
단 민족공화국의 수립이라는 혁명의 목표에 관해서는 흔
들림이 없었으나, 열강과의 관계를 포함한 혁명의 방법론
을 정치화할 필요성은 쑨원도 느끼고 있었다.

　이 무렵 쑨원은 앞서 말한 삼단계 혁명론을 왕징웨이에
게 더욱 자세히 설명했다. 즉 "혁명이 지향하는 곳은 민권
을 얻는 것이지만 혁명을 일으킬 때는 병권을 중시하지 않
으면 안 되므로 둘은 언제나 상호 충돌한다. 만약 병권을
억제하면 (혁명군은) 쇠약해져서 사업에 주력할 수 없다. 만
약 민권을 억제하면 그야말로 군 정권이 우월하여 모든 것
을 장악하여 견제를 받지 않으므로 군사적으로는 편리하
지만, 민권은 압박받은 나머지 다시 신장할 수 없다. 천하
가 평정되어 군 정부가 병권을 해체하고 민권에게 양보하

려 해도 그것은 불가능하다." 따라서 해결책으로서 과도기라 할 수 있는 '약법' 단계를 쑨원은 다음과 같이 표현한다.

예를 들어 하나의 현이 평정된다면 군 정부와 인민이 규약을 맺고 일반적으로 군 정부의 인민에 대한 권리와 의무는 모두 주요·중대한 것을 규정한다. 군 정부는 명령을 통해 지방행정관청을 조직하고 관사를 파견하여 통합을 꾀한다. 인민이 지방의회를 조직하지만 그 의회는 처음부터 현재의 공화국 의회와 같은 것이 아니라 그저 군 정부가 약법約法을 준수하는지 아닌지를 감시하는 것만이 그 중요한 직책이다. 이윽고 을乙현이 평정된다면 을현과 갑甲현은 서로 연대하여 서로 약법을 지키고 나아가 병丙현이 평정된다면 또 갑현과 을현은 병현과 상호 연대하여 서로 약법을 지킨다. 각 성, 각 부도 마찬가지다. 만약 국민이 약법을 지키지 않으면 군 정부가 강제할 수 있다. 만약 군 정부가 약법을 어기면 제압된 지역이 상호 연대하여 이행해야 할 의무를 지지 않으며, 어떠한 군 정부의 권리도 인정하지 않는다. 그렇게 되면 혁명 당시 아직 (새로운 체제의) 근본이 정해지지 않았고 외부의 적이 강력한 세력을 떨치는 상황에서는 아무리 아둔한 자라도 내전을 일으키지는 않을 것이다. (혁명) 사업이 성공하면 18개 성의 의회가 방패막이 되어 있으므로 군 정부가 전횡을 휘두르고자 해도 그 방책이 없다. 심지어 봉기가 일어난 이후 국민은 지방자치에 힘을 다해 장기적으로 단련·숙려를 쌓아서 공화국민으로서의 자격이 도야되어 있다. 다시 한 번 약법에 기초하여 헌법을 구축한다면 민권 헌법 정치체제는 반석의 안정을 얻고 동요할 위험은 없는 것이다.

이것은 군 정부와 인민과의 상호 견제, 혹은 지역 간 상호 견제라는 과도기를 마련함으로써 광대한 영역을 거느리는 중국에서 군웅할거나 그것을 초래할 수 있는 열강의 간섭, 나아가 독재자의 출현을 막고 군정에서 민정으로의 이행을 순조롭게 실현하기 위해 가능한 한 모든 생각을 짜낸 방책이었다. 물론 어떻게 병력을 군 정부에 집중시킬 것인지, 그것이 실현되면 인민은 혁명군에 대해 강제력을 지닐 수 있는지와 같은 훗날 역사 속에서 떠오르게 되는 과제는 아직 충분히 검토되지 않았다. 또한 '약법'이라는 과도기를 마련하는 이유로서, 인민을 공화국민으로 훈련할 수 있다는 점을 부가하는 것은 중국 사회의 후진성을 이유로 공화혁명을 부정하는 보황회와의 논쟁 과정에서 삼단계 혁명론이 변질·변환하기 시작했음을 나타낸다.

혁명사상의 집대성

쑨원은 도쿄에서 새로이 지식인 네트워크에 영향력을 확립하는 한편, 익숙한 제휴 상대인 화교 네트워크와 열강 당국도 변함없이 주시했다. 10월 7일부터 이듬해인 1906년 4월 24일까지, 나아가 7월부터 10월에 걸쳐 그는 홍콩, 사이공, 싱가포르, 쿠알라룸푸르에 가서 지지자를 모으고 연이어 중국동맹회 분회를 설치하는 한편, 프랑스도 방문했다(자세한 활동 내용은 알 수 없음). 이것을 통해 쑨원이 자신의 혁명운동을 다양한 집단, 계층, 세력을 결집하여 다원화하려 했다는 사실을 엿볼 수 있다.

1906년 가을부터 겨울에 걸쳐 쑨원은 황싱과 『민보』의 편집장이었던 전 광복회원인 장빙린章炳麟(37세), 그리고 후한민, 왕징웨이와 함께 『혁명방략革命方略』을 작성했다. 이것은 '군 정부 선언', '군 정부와 각국 민군과의 관계조건', '군대의 편제', '장관의 등급', '장병급여', '전사에 대한 포상과 보상', '군율', '점령규제', '접수接收 규제', '안민포고', '대외선언', '만주 장병에게 투항을 설득하는 포고', '만주의 조세·이금釐金(지방 통과세)을 철폐하는 포고' 등으로 이루어진 이른바 무장봉기의 실행규칙 성격을 띠는 문서집이다.

가장 먼저 나오는 '군 정부 선언'은 중국동맹회의 종지 네 항목을 간결하게 해설하고, 앞서 소개한 삼단계 혁명론을 3년 계획인 '군법의 치治', 6년 계획인 '약법의 치', 그리고 '헌법의 치'로 정리했다. 즉 "제1기는 군 정부가 국민을 감독·통솔하여 낡은 폐해를 제거하는 시대, 제2기는 군 정부가 인민에게 지방자치권을 부여하여 스스로는 국사를 총람總覽하는 시대, 제3기는 군 정부가 권력을 해제하고 헌법상의 국가기관이 국사를 분장分掌하는 시대다. 우리 국민이 질서정연하게 나아가 자유, 평등의 자격을 기르도록 한다"고 규정한다. 여기에서는 혁명을 단계적으로 추진하는 목적이 더는 할거 방지가 아니라 인민의 훈련에만 한정되어 있다는 점에 유념해야 한다.

쑨원과 동지들은 진지하게 인민이 정치적 권리를 가지

기를 바랐음에도 불구하고, 민주주의를 실현하는 과정을 혁명정권이 엄격하게 관리하여 과도기에는 인민의 정치 참여를 잠정적으로 제한해야 한다고 주창한 것이다. 이 단계적 민권의 실현이라는 구상은 민주주의 혁명의 목적과 수단을 반영했다고 해석할 수 있다. 하지만 이른바 혁명 세력이 인민을 지도하는 전위당前衛黨의 논리를 편입함으로써, 아이러니하게도 보황회가 주장했던 전제로부터 입헌군주제를 거쳐 입헌공화제로 이행한다는 점진적인 개량론과 유사성을 띠고 말았다. 이로 말미암아 중국 혁명운동은 '민주를 위한 독재'라는 역설적인 양의성을 품게 된 것이다.

한편 '군 정부와 각국 민군과의 관계조건'에서는 "각지의 국민군은 각각 도독都督 한 명을 세우고 그를 봉기의 수령으로 임명한다"고 정함으로써 군 도독에게 군무에 관한 전권 장악을 인정했지만 외교, 국가 체제 제정, 국기 등은 군 정부의 명령에 따를 것을 요구했다. 그리고 "이상의 각 조는 군 정부와 군 도독이 연락하기 전의 관계조건이며, 연락 후에는 다른 규칙을 마련한다"고 규정했다. 중국동맹회는 혁명의 전 과정을 장악하는 것을 의도하면서도, 실제로 지도할 수 있는 국내 군사력은 거의 없었다. 또한 아마도 창장강 유역 혁명파로 이어진 군국민교육회에 의한 지방자치론의 영향으로, 각지에서 독자적으로 봉기하는 모든 세력의 자발적 귀순을 기대하며 오히려 한시적인 할거를 용인하게 된 것이리라. 하지만 이윽고 발발하게 되는 실제 혁명에서는 이러한 분산과 집중의 관계가 어려운 과제로서 떠오르게 된다.

12월 2일, 『민보』 창간 1주년 기념대회가 도쿄에서 거행되었는데 여기에 5,000명이나 되는 재일 유학생이 참석했다. 황싱이 사회를 보았으며, 장빙린이 축사를 맡았다. 이어 쑨원이 한 연설은 이 당시의 쑨원 혁명사상의 집대성이라고도 할 수 있다. 쑨원은 "『민보』가 창간된 지 1년이 되었는데, 그동안 주장해온 내용은 삼대주의입니다. 즉 제1이 민족주의, 제2가 민권주의, 제3이 민생주의입니다"라고 말하며 특히 민생주의에 대해 매우 자세히 설명했다. 즉 구미에서는 생산력 증대로 빈부의 격차가 발생하고 있으므로 중국에서는 장래에 이러한 폐해를 미연에 방지하기 위해 지가를 정하고 상승분을 국유화하면 지조地租만으로도 국가재정을 충당할 수도 있으므로 "이 사회 혁명사업은 장래에 문명국가가 반드시 본보기로 삼을 것입니다"라고 소리 높여 외쳤다.

그리고 "소수의 만주인이 이익을 독점하기를 바라지 않기에 민족 혁명을 추구하는 것이며, 군주 한 사람이 이익을 독점하기를 바라지 않기에 정치 혁명을 추구하는 것이며, 소수의 부자가 이익을 독점하기를 바라지 않기에 사회 혁명을 추구하는 것입니다"라고 주장하며, 3자의 동시 실현을 통해 한인의 민족공화국을 수립함과 동시에 구미와 같은 사회문제를 방지하는 것이 가능하다면 "우리 중국은 가장 안전하고 훌륭한 국가가 될 것입니다"라고 장밋빛 예언을 거듭했다.

더불어 그는 "또 한 가지 우리가 연구해야 할 문제가 있는데, 그것은 장래 중화민국의 헌법입니다"라고 말하며, 구미의 삼권분립도 이미 폐해가 발생하고 있음을 지적했다. 그리고 중국 고래의 제도인 고선考選(관리 선발), 규찰糾察(관리 감시)을 더한 오권분립을 제기하면서 "이것은 각국의 제도에 아직 없을 뿐 아니라 학설에서도 보기 힘든 파천황의 정치체제"라 할 수 있다며, 만약 실현된다면 "민족적 국가, 국민적 국가, 사회적 국가, 모든 면에서 완전무

결한 통치이론을 얻을 수 있으므로, 이것은 우리 한족 4억 명의 최대 행복입니다"라고 말하며 자신의 주장이 지니는 선진성과 포괄성을 자랑했다.

도쿄본부의 변질

하지만 이 축제가 도쿄 유학생계 혁명운동의 최고 정점 이었고, 그 후부터는 점차 중국동맹회 본부의 내부 분일이 표면화한다. 앞서 말한 것처럼 광둥성 출신 유학생이 쑨 원의 혁명사상에 귀의하여 충실한 문제가 된 것과는 달리, 창장강 유역 출신 유학생들은 이론체계로서의 삼대주의 (특히 민생주의)에는 소극적 자세를 취했다. 이것은 단순히 사상적 차이에서 비롯된 것만은 아니다. 바로 쑨원의 지 도성을 대하는 자세의 차이 또한 드러낸다.

1907년에 들어서자 쑨원은 청조 당국의 요청을 받은 일 본 정부로부터 국외 퇴거를 권고받았다. 쑨원은 3월 4일 에 후한민, 왕징웨이를 따라 요코하마를 떠나 홍콩을 경 유하여 싱가포르로 향했다. 이때 일본 당국과 민간인으 로부터 1만5,000엔을 전별금으로 받은 쑨원이 그중 불과

쑨원(맨 앞 중앙)과 싱가포르의 동지들(전게 『쑨중산』)

2,000엔을 『민보』 유지비용으로 남기고 나머지는 봉기에 쓰기 위해 가져간 것에 창장파가 반발한다. 장빙린은 민보사에 걸어두었던 쑨원의 사진을 끌어내리고, 그 뒷면에 비난의 글을 써서 홍콩으로 보냈다고 한다.

그 후 『민보』의 내용은 쑨원의 삼대주의 대신 장빙린의 배만사상과 허무주의가 주류를 이루게 되었고 간행부수도 점차 줄었다. 그리고 1908년 10월 19일에는 청조 당국의 요청을 받은 일본 정부가 발행 금지를 명하여 중국 혁명파의 대동단결을 상징하는 존재였던 『민보』는 결국 간행을 중지한다.

한편 중국 국내에서는 1906년에 대일본제국 헌법을 본

뜬 헌법대강憲法大綱이 발부되는 한편, 중국인 이민을 제한하는 미국과의 조약과 열강에 대한 권익 양도에 저항하는 민족주의적 여론이 고양되었다. 이러한 새로운 상황에 대응하기 위해 귀국하여 국내 각 성에서 독자적 활동을 모색하는 재일 유학생이 많았다. 또한 총리인 쑨원 자신이 자리를 비우는 일이 많은 중국동맹회 도쿄본부는 점차 혁명운동의 대본영에서 통신소로 변질되었다.

쑨원은 재일 유학생을 다원적인 혁명운동의 일각을 이루는 지식인 네트워크와의 접점이라고 인식했던 모양이다. 따라서 자신의 교의教義에 충실한 문제를 발굴한 것으로 중국동맹회 도쿄본부는 제 역할을 다했다고 생각했는지도 모른다. 삼대주의나 오권분립과 같은 체계적인 혁명 이론의 구축은 도쿄에서 최첨단 정치·사회사상을 접했던 재일 유학생을 매료·설득시키기 위한 선전활동이었다고도 할 수 있다. 그렇기에 그가 다음으로 취해야 할 행동은 스스로 예언을 실현하기 위해 문제들을 이끌고 혁명의 실천활동으로 돌아가는 것, 즉 다시금 화교 네트워크를 통해 자금을 획득하고 화남 각 성에서 회당을 동원해 무장봉기를 일으키는 것이었던 셈이다.

3 교두보를 찾아서

싸우는 예언자

1907년 3월에 싱가포르에 도착한 쑨원과 후한민, 왕징웨이는 싱가포르의 중국동맹회 회원들과 기관지 창간을 결정하고, 홍콩에서 『중국일보』의 사장과 편집장을 겸하던 펑쯔유에게 활자를 제공받게 된다. 후한민이 『중흥일보中興日報』라고 명명한 동남아시아 최초의 중국동맹회 기간지는 8월 20일에 창간되었는데, 화교의 지지를 얻기 위해 보황회 기관지인 『남양총회신보南洋総匯新報』와 논전을 벌였다.

하지만 재일 유학생을 주요 독자로 한 『민보』와는 달리 『중흥일보』는 이론보다 현실을 중시하는 전술을 취했다. 따라서 그 내용은 청조의 화교정책이나 흠정欽定헌법(황제가 손수 정한 헌법-역자 주) 및 열강에 대한 권익 양도에 대한 비판이 주를 이루었다. 중국동맹회는 동남아시아 각지에 분회를 설치했는데, 화교에 대해 삼대주의나 오권분립을 주장하는 일은 거의 없다시피 했다. 특히 민생주의에 대해서는 새로운 회원 가입 시 선서에 '지권을 평균한다'는 한 줄이 들어 있을 뿐 구체적으로 설명하지 않는 신비한 주문이 되었다.

쑨원은 싱가포르에서 하노이로 이동하여 동남아시아의 차이나타운에서 중국동맹회에 가입한 회당 대표를 파견해 화남 각 성에서 무장봉기를 일으키는 공작에 착수한다. 우선 5, 6월에 그는 싱가포르에서 중국동맹회에 가입한 쉬쉐추許雪秋와 덩쯔위鄧子瑜를 각각 광둥성 동부의 라오핑饒平현 황강黄岡과 구이산현 치뉘후七女湖에 파견해 그곳에서 회당을 동원하여 봉기를 일으키도록 했다. 하지만 그 봉기는 모두 관군의 공격을 받아 며칠 내로 해산하고 만다. 그 직후 청조 당국이 프랑스 정부에 쑨원의 인도를 요구하자 인도차이나 총독인 폴 보는 그의 소재를 파악할 수 없다고 대답했다. 수년에 걸친 외교활동의 성과로서, 쑨원의 활동은 프랑스 식민지 당국의 묵인을 얻은 것으로 보인다.

9월 1일, 쑨원은 사이공에서 중국동맹회에 가입한 왕허순王和順을 파견하고 역시 회당을 동원해 광둥성 서부에서 봉기를 일으켜 한때 팡청防城현을 점령하는 데 성공했다.

그러나 탄약을 모두
소진하여 9월 17일
해산했다. 12월 1일
에는 하노이에서 중
국동맹회에 가입한
황밍탕黃明黨, 관런푸
関仁甫가 파견되어 광
쑨원(앞줄 오른쪽)과 하노이의 프랑스 당
국자들(전게『쑨중산』)
둥성과의 국경에 위
치하며 '제2의 뤼순커우旅順口'라고 불린 요충지 전난관鎭
南關 포대를 점령한다. 다음 날 황싱, 후한민을 따라 하노
이에서 현지로 향하는 열차에서 "거의 모든 사람이 광기
에 사로잡힌 것으로 의심할" 정도로 "요설 다변한 사람으
로 변한 쑨원"은 동행한 일본인 지지자 이케 교키치池亨吉
에게 아마도 영어로 다음과 같이 말했다고 한다.

　　나에게 단 하나의 숙원이 있는데, 바라건대 지나 제국의
　　최남단인 전난관에 들어가 현군懸軍(원정) 만리, 깃발 휘날
　　리며 당당히 지나 제국의 복부 한가운데를 통과하고 연이
　　어 지나 제국의 최북단인 산하이관山海關(만리장성 동단에 위

치하는 요충지로 중국 내지와 동북부와의 경계)을 넘어갈 것입니다. 이 산하이관을 나가지 않고서 누가 아이신쥐뤄愛新覺羅(청조 황실의 성姓)제帝의 말로를 지켜보겠습니까. 만약 만족과의 싸움에서 져서 도망쳐 숨는다면, 이 관문으로 탈출할 수밖에 달리 길이 없습니다. 지금은 이 숙원의 전반조차도 이루지 못했는데, 그 후반이 되는 날은 언제 어느 때일까요. 아아, 언제 어느 날일까요.

최초의 광저우 봉기로부터 12년, 지구를 몇 번이나 도는 망명 생활을 거쳐 겨우 조국의 최남단에 교두보를 마련한 떠돌이 예언자는, 이곳을 기점으로 중국 전 영토를 제압할 야망의 실현을 예감한 것으로 보인다. 또한 여기에서는 그가 생각하는 '중국'의 민족적, 공간적 범위가 드러나는데, 만주인과 동북부가 포함되지 않은 것이 결국 나중에 어려운 과제로서 떠오르게 된다. 전난관에 도착하자 쑨원은 봉기군 앞에서 다음과 같이 연설했다.

이번에 모두가 용기를 내어 봉기해주어 고맙다. 전국의 동포와 함께 만청 황제라는 인민의 적을 타도하고 새로운 부강한 공화국을 수립하면 4억 동포가 모두 국가의 주인 공이 되며, 독립·자유의 행복을 누리고, 외국인이 우리를 괴롭히지 않으며, 모두가 일굴 논밭을 갖게 된다. 동지들이여, 난닝南寧(광시성의 도시), 광저우로 직진하여 창장강으로 북상한 후, 전국 동포와 함께 베이징으로 진격하자. 혁명군은 나라를 구하고 백성을 구하는 군대이자 가장 민심을 얻은 군대다. 전국 방방곡곡에 힘이 되어주겠다는 인민이 있으므로 우리의 역량은 최대다. 반군은 반드시 무너지고, 우리는 꼭 이길 것이다. 제군들은 이번에 (전난)관에서 (중국 영내로) 들어가 모두와 함께 분투하여 혁명을 성공으로 이끄는 것이다.

통산 여섯 번째의 무장봉기에서 처음으로 전투의 전선에 선 쑨원은 스스로 대포를 쏘고 부상자를 치료했다고 한다. 이 연설에는 삼대주의의 각 항목이 모두 언급되어 있지만, 추상적인 이념을 설명하기보다는 구체적 이익을 제시하는 성격이 강했다. 봉기군의 용기를 북돋우는 것이 싸우는 예언자인 그의 역할이었다. 하지만 다시 탄약이 소진된 봉기군은 12월 8일 프랑스 영내로 철수했고, 간신

히 손에 넣은 조국 최남단의 교두보가 무너지며 쑨원의 꿈
도 순식간에 물거품이 되고 말았다.

혁명운동의 재건

　1908년 1월 24일, 쑨원은 하노이를 떠나 싱가포르로 향
했다. 청조 정부가 프랑스 당국에 거듭 요구하여 인도차
이나 체재를 금지당했기 때문이다. 그 후에도 1908년 3월
부터 5월에 걸쳐 하노이에서 국경을 넘어 황싱이 봉기군
을 이끌고 광둥성 친저우欽州, 롄저우廉州로 향했으며 왕
허순, 황밍탕, 관런푸가 윈난雲南성 하구에서 봉기했다.
하지만 모두 보급이 끊겨 단기간에 해산해야 했다.

　이렇게 무장봉기가 모두 실패로 끝나자, 쑨원은 잠시 혁
명운동의 체제 정비에 전념한다. 우선 같은 해 여름에 싱
가포르에서 중국동맹회 난양南洋지부를 설립하고 동남아
각지의 분회를 총괄하게 했다. 또한 회당에 의존해온 기
존의 방침을 재정비하여 홍콩을 거점으로 점차 고조되던
민족주의적 여론의 담당자, 지역 유지들에게 접근을 시도
한다. 펑쯔유나 주즈신이 편집을 맡은『중국일보』는『중

홍일보』와 마찬가지로 이론보다 현실을 중시하는 선전 전술을 펼쳤다. 삼대주의(특히 민생주의)나 오권분립을 논하는 일은 거의 없었고, 오히려 광둥 지방 여론의 비판을 받은 웨한粤漢철도(광저우~우창武昌 연결-역자 주) 국유화와 영국에 대한 시장西江강(광둥성 서부의 하천) 경찰권 허가를 소재로, 청조의 매국성을 비판하는 논의를 빈번히 전개한 것이다.

또한 지식인의 새로운 사회적 신분 상승 방법인 신식 학당과 군대(신군)에 중국동맹회의 조직을 침투시키도록 계획했다. 그 결과 1909년에는 광둥성에서 신군 장병을 중심으로 가입자가 3,000명에 달했다. 이것을 동원하여 무장봉기를 일으키는 거점으로 삼기 위해 10월에 후한민을 지부장으로 하는 중국동맹회 난팡南方지부가 홍콩에 설치되었다. 그리고 1910년 2월에 신군을 광저우에서 봉기시켜 여기에 주변 회당이 호응하게 하는 계획을 세운다. 하지만 신군 장병과 경찰의 충돌이라는 우발적 사건이 벌어져 예정보다 이른 2월 12일에 봉기가 일어남으로써 경계 태세를 취하고 있던 당국에 의해 진압되고 만다.

한편 쑨원은 1909년 5월 19일에 싱가포르를 떠나 유럽을 거쳐 11월 8일에 미국으로 건너가 뉴욕, 시카고에 중국동맹회 분회를 조직한다. 그동안 동남아시아에서는 쑨원에게 비판적인 전 광복회 회원인 장빙린, 타오청장陶成章이 중국동맹회로부터 화교의 지지를 빼앗고 있었다. 따라서 쑨원은 혁명운동에 필요한 새로운 자금원을 찾아야 했다. 1910년 2월 10일에 샌프란시스코에 도착한 쑨원은 1년 전 이곳에서 중국동맹회원이 조직한 소년학사를 2월 27일 중국동맹회 분회로 개편한다.

다음 날 쑨원은 연설을 통해 청중인 화교들에게 "제군들이 혁명을 자신과 가까운 일이 아니라고 생각하며 관심을 갖지 않고, 혁명이야말로 우리가 오늘날 일가의 생명과 재산을 보호하고 구하는 유일한 방법이라는 사실을 모르는 것이 아닌지 우려하고 있습니다"라고 말했다. 중국인 이민이 제한되던 미국에서는 전월부터 샌프란시스코에 도착하는 중국인이 입국 허가를 받기까지 엔젤섬Angel Island에 있는 위생 상태가 열악한 구류소에 수용되었는데 이것에 현지 화교가 항의한 바 있다. 이 일을 염두에 두고 쑨원은 "제군들은 오늘날 미국에서 엄청난 학대와 모욕을 받아왔기에 모두 분개하고 있으며, 앞서 (입국 제한에 항의하는) 미국 제품에 대한 보이콧을 시행했고, 지금은 엔젤

섬 건으로 싸우고 있는데 (중략) 한 종족과 다른 종족의 싸움은 반드시 국력이 방패막이가 되어야만 원조를 얻을 수 있다는 것을 모두 깨닫지 못하고 있습니다"라고 역설하며 다음과 같이 호소했다.

우리 중국이 만주인에게 멸망당한 지 약 260년, 우리 화인華人은 오늘날에는 망국의 유민이며 국가의 보호가 없는 탓에 온갖 곳에서 학대를 받고 있습니다. (중략) 그렇기에 오늘날, 일가의 생명과 재산을 보호하기 위해서는 혁명을 실행하여 달로 청조를 멸망시키고 우리 중화의 조국을 광복하여 한인이라는 민족이 국가를 수립해야만 합니다. 그러므로 혁명은 우리가 오늘날 일가의 생명과 재산을 보호하는 유일한 방법이며, 한 사람 한 사람에게 가장 가까운 일이라 할 수 있습니다.

이렇듯 그는 삼대주의나 오권분립과 같은 추상적인 이론을 설명하는 것이 아니라 해외에 거주하는 화교에게 미칠 혁명의 현실적, 구체적인 이익을 강조했다. 8월 20일에는 샌프란시스코에서 중국동맹회 기간지 『소년중국신보

少年中國晨報』가 창간되었고, 나아가 이듬해에 걸쳐 미국 본사, 캐나다, 멕시코, 쿠바, 페루, 하와이 각지에서 분회가 잇따라 생겨나고 막대한 자금을 혁명운동에 제공하게 된다.

동시에 쑨원은 한 기묘한 계획에 미국인 호머 리Homer Lea를 끌어들였다. 호머 리는 군인으로서 중국에서 활동하기를 꿈꾸며, 스탠퍼드대학교 재학 중에 샌프란시스코에서 보황회에 가입하여 의화단전쟁 중에 중국에서 모종의 군사행위에 참가한 인물이다. 귀국 후에는 보황회를 위해 미국 각지에서 민병을 조직했지만, 얼마 못 가 보황회의 재정 문제 등이 원인이 되어 결별했다. 1909년에 그는 미일전쟁(태평양전쟁-역자 주)을 예측한『무지의 만용Valor of Ignorance』을 출간했다. 이것에 주목한 쑨원은 이케 교키치에게 일본어 번역 (『일미전쟁日米戰爭』이라는 제목으로 1911년 간행)을 권하는 한편, 1910년 3월 14일에 퇴직 은행가인 찰스 부스Charles Booth도 가담시켜 캘리포니아주 롱비치의 호텔에서 중국 혁명의 실행계획을 작성하였다.

이 계획은 중국동맹회가 화중·화남의 무장봉기를 중지하고 찰스 부스가 전권을 가진 대표로서 뉴욕의 재계로부터 350만 달러를 조달하는 한편, 통킹Tonking만 연안에 기지와 무기고를 확보하고 미국 군인이 봉기부대를 훈련하는 내용이었다. 이것에 대한 교환조건으로서 중국에서의 철도 부설이나 광산 채굴의 이익 양도를 제안했다. 나아가 쑨원은 자신이 입수했다는 일본군의 인사, 통신, 장비 등에 관한 참모본부 문헌 목록을 미국 육군성에 제공하겠다고 제안했다. 이것은 이익 양도를 교환조건으로서 제시하거나, 제삼국을 '공통의 적'으로 시사함으로써 외국의 지원을 구하는, 예전부터 쑨원이 취해온 방식이지만 이 황당무계한 사업에 찬동하는 사람이 미국에서는 거의 없어서 중국동맹회는 자력으로 다음 봉기를 일으키게 된다.

3월 22일에 샌프란시스코를 떠난 쑨원은 하와이, 일본, 싱가포르를 거쳐 7월 19일에 페낭에 도착한다. 당시 연이은 봉기의 실패와 장빙린, 타오청장의 비판으로 싱가포르에서는 지지를 얻기 어려웠기에 쑨원은 중국동맹회 난양 지부를 페낭으로 이전했다. 그리고 11월 13일에 쑨원은 황싱, 후한민 등과 회의를 열어 중국동맹회의 총력을 쏟아부은 무장봉기를 결정한다. 그 교두보를 구축하기 위해 목표로 삼은 도시는 또다시 제국 최남단의 대도시 광저우였다.

황화강(黄花崗)

이틀 후 쑨원은 주재 화교를 대상으로 건곤일척의 연설
을 한다.

제가 매일 동지 제군들을 만나는 목적은 다름이 아닙니
다. 언제나 동지 제군들에게 기부를 부탁하기 위해서입니
다. 동지 제군은 시종일관 당무에 열심이고 성실히 원조
해주시고 계시지만, 어쩌면 제가 다난多難히다고는 생각
지 않으실지도 모릅니다. 사실 저는 우리 당이 몇 번이고
봉기에 실패하여 내심 부끄럽고, 동지 제군 여러분께 매
우 죄송스러운 마음을 갖고 있습니다.

이때까지 봉기 실패는 이미 아홉 번에 달했다.

저는 앞서 말한 것처럼 동지 제군들을 만날 때마다 기
부를 부탁드렸습니다. 저도 동지 제군에게 늘 이런 부탁
을 드리고 싶지는 않지만, 이 책임을 우리 총명하고 사리
에 밝은 동지 이외에 대체 누구에게 지울 수 있을까요. 이
것은 피하고 싶지만 사실 어쩔 수 없는 일인 것입니다. 해

황화강(전게 『쏜중산』)

외의 동지들이 자금을 지원하고, 국내의 동지들이 목숨을
바친다면 그것이야말로 함께 구국의 책임을 지는 일이 될
것입니다. 즉 기부 의무는 동지 제군들이 다른 사람에게
맡길 수 없는 일인 것입니다. 따라서 이렇게 (기부를) 구하
는 제 고충을 동지 제군들이 양해해주셔서, 나아가 기쁘
고 신바람 나는 마음으로 기부함으로써 이 마지막 일거가
성공하도록 도와주시라고 부탁드릴 수밖에 없습니다. 만
약 하늘이 한인에게 행운을 내려주지 않고 우리 당의 이
번 거사가 또 실패한다면 제가 다시 동지 제군 여러분께
기부를 청하며 귀찮게 할 일은 없을 것입니다. 만약 살아
남는다 해도 고향의 어른들을 뵐 낯이 없습니다. 이것은

즉 앞으로 추진할 미완의 혁명사업 역시 동지 제군의 참여와 협력에 기대지 않을 수 없다는 말입니다. 즉 우리 당은 아무리 곤란하더라도 배수의 진을 치고 임할 것이며, 성패는 실로 이 일거에 달려 있습니다. 그리고 제가 말씀드리고 싶은 것도 또한 이것 말고는 달리 없습니다.

'고향의 어른들'의 어원은 '강동부로江東父老'로, 한나라 유방과 벌인 쟁패에서 패한 초나라 항우가 고향인 창장강 동쪽(난안南岸)의 어른들 뵐 낯이 없다며 자결한 고사에서 유래한다. 이때 이미 떠돌이 예언자는 장밋빛 미래를 보여주지 않고 오로지 혁명자금 기부를 요청했다. 이 노골적인 애원이 청중의 민중의식을 움직인 것인지 그 자리에서 8,000위안의 기부금이 모였다고 한다.

이 연설을 위험하게 여긴 영국령 해협 식민지 당국으로부터 체재 금지를 통고받은 쑨원은 12월 6일 페낭을 떠난 후 연이어 미국, 캐나다에서 자금 조달에 힘썼다. 한편 홍콩에서는 황싱을 부장으로 하는 통주부統籌部(통합계획본부)가 조직된다. 하지만 북미, 하와이, 동남아 등에서 보내온 약 200만 위안의 자금으로 800명의 회원으로 이루어진 선발대가 봉기하고, 여기에 신군과 회당이 호응한다는 계획은 다시금 철저하지 못한 연락과 의견 불일치로 1911년 4월 27일 실패로 돌아간다. 쑨원은 다음 날(중국에서는 날짜가 바뀌지 않았을 것이다) 시카고에서 패보敗報를 접했다. 이 봉기는 희생자와 체포·처형자의 유해가 묻힌 장소에서 이름을 따 후에 황화강黃花崗 봉기라고 칭하게 된다.

이렇듯 건곤일척의 무장봉기는 44세가 된 쑨원에게 열 번째 실패를 안겨주며 막을 내렸다. 이미 15년이 넘는 떠돌이 생활을 하는 동안, 쑨원은 혁명으로 중국이 세계 최첨단 국가가 된다는 장밋빛 예언을 실현하기는커녕 아직도 조국의 변방에 교두보조차 구축하지 못했다. 하지만 이 직후 중국에서는 문자 그대로 1,000년에 한 번 일어난다는 대전환이 일어났고, 그렇게 쑨원은 역사의 전면에 나설 기회를 잡게 된다.

제3장
천재일우

1911년, 신해혁명 당시의 쑨원
(전게 『국부혁명사획』)

1 지각변동

'방(放)'과 '수(收)'

쑨원의 혁명운동이 무참한 실패를 거듭하는 동안, 중국은 느리긴 하지만 역사적인 대전환점에 다가가고 있었다. 그 배경으로서 진행된 국가와 사회의 지각변동을 장기적인 관점에서 조감해보도록 하자.

17세기 말에 약 1억 명이었던 중국 인구는 청조의 통치가 안정됨에 따라 급격히 증가하여 19세기 중엽에는 4억 명을 넘어섰다. 그 결과, 쓰촨四川, 윈난, 광시와 같은 내륙부로 대규모 인구 이동이 발생하여 신개척지에서 사회질서를 담당하는 역할로서 종교 결사가 세력을 떨치거나, 이주민과 원주민이 마찰을 빚기도 하면서 18세기 말부터 19세기 중엽에 걸쳐 백련교도白蓮敎徒, 무슬림, 묘족 등에 의한 반란이 빈발했다. 그중 가장 규모가 큰 것이 화중·화남을 석권한 태평천국으로, 이것이 중국 사회의 동요와 유동화에 박차를 가한다.

청조의 통치체제는 원래 황제가 수도에서 파견한 지방관료가 제국 각지의 지역사회를 다스리며 세금을 걷고 치안을 유지하는 방식이었다. 즉, 상당한 자율성을 부여하여 거칠고 면밀하지 못한 통치를 행한 것이다. 바꿔 말하면 원심력과 구심력, 즉 아래(지방, 사회, 부분)로 향하는 '방'(분배, 자유)과 위(중앙, 국가, 전체)로 향하는 '수'(집중, 통제)라는 두 가지 힘이 균형을 이루고 있었다. 이와 같은 국가의 통치기구가 사회의 팽창과 유동화에 대한 대응을 요구받으면, 조정은 질서 회복을 위해 지방 관료와 지역 유지의 협동에 의존했다. 태평천국을 진압하기 위한 단련團練이라고 불리는 의용군이 조직된 예처럼 말이다. 그 결과로서 '방'이 '수'를 능가하게 되어 점점 권력의 분산과 하방 이행이 진행된다. 군사, 산업, 교육의 근대화를 꾀한 양무운동의 주요 추진 세력도 지방 관료였다.

나아가 아편전쟁과 제2차 아편전쟁을 거치며 중국은 서양 열강이 주도하는 국제 질서에 서서히 편입되어갔다. 특히 개항장이 있던 화중·화남 연안부에서는 무역의 성행으로 경제가 발전했고, 중앙정부에 의한 통제의 이완과 표리일체를 이루어 지방 관료를 비롯한 지역사회의 원심력이 커져갔다. 또한 해외 이주자가 증가하여 화교 네트워크가 형성됨으로써 수도를 정점으로 하는 전통적 피라미

드형 제국 통치기구는 그 구심력이 상대적으로 약해질 수
밖에 없었다.

광서신정(光緒新政)과 민족주의

　이러한 청조 통치체제의 분권화, 즉 '수'에 대한 '방'의 우
열을 조장한 것이 의화단전쟁 패배 후에 시작된 광서신정
이다. 이것은 제2장에서 말한 대로 근대국가의 건설을 목
표로 한 모든 정책의 총칭으로, 열강에 대항하여 독립과
통일을 유지하기 위해 교육의 보급, 산업 진흥과 같은 통
합의 적극화를 통해 국가가 사회로부터 조달할 수 있는 인
적, 물적 자원의 최대화를 꾀했다. 인민이 징세나 치안 유
지를 위한 수동적인 대상에 지나지 않는 전근대적인 전제
국가에서, 국가 발전의 능동적 주체인 '국민'이 구성하는
근대적인 국민국가로 전환할 필요성을 청조도 인식한 것
이다. 다만 이러한 일련의 근대화정책은 전국 각지에서 주
로 지방 관료와 지방 유지의 협동으로 추진되었다. 지금부
터 광둥성을 예로 들어 그 구체적인 상황을 살펴보자.
　우선 사회적 신분 상승의 방도로서 근대 서양식 교육이

전통적 유교교육을 대신하게 되었다. 그리하여 성내 각지에 광동고등학당廣東高等學黨, 광동법정학당廣東法政學黨, 양광방언학당兩廣方言學黨 등의 신식 학당이 설립되었다. 동시에 일본 등 해외로 떠나는 유학생도 증가하여 도쿄로 향하는 지식인의 순례 경로가 형성되었다는 사실은 앞서 제2장에서 소개한 바 있다. 광저우에서는 캉유웨이, 량치차오 등에 의한 변법운동變法運動의 영향을 받은 지식인이 다수의 신문을 창간했는데, 이들 신문사가 학당과 출판사를 병설함으로써 지역사회의 여론 형성에 영향력을 지니게 된다.

이미 19세기 후반부터 식민지 도시였던 홍콩에서는 근대적 학교가 이동인구 출신의 신흥 지식인을 배출했다. 또한 그들이 발행하는 신문이 중국인 주민의 이익을 표출하는 매체가 되었다. 이와 같은 상황이 내륙 중국의 지역사회에서도 나타나기 시작한 것이다. 이것에 편승하여 중국동맹회원도 광저우, 산터우에서 신문을 창간하고 정치비판을 통해 지방 여론 형성에 참여하는 한편, 성내 각지의 학당에 교원으로 부임하여 학생들에게 가입을 촉구했다.

또한 1903년부터 신군이 편제되어 호문강무학당虎門講

武學黨, 육군장변학당陸軍將弁學黨, 육군속성학당陸軍速成學黨 등의 졸업생이 견습 군관을 역임했다. 장병은 주장강 삼각주나 한장韓江강 삼각주(산터우 주변)와 같은 선진 지역이 아닌 주로 변경 지역에서 모았으며, 제2장에서 말한 민족의식의 고취와 맞물려 신군도 새로운 사회적 상승 방법 중 하나가 된다. 1910년에 실패로 끝난 중국동맹회의 무장봉기는 이러한 신군 장병이 주체로 나선 것이었다.

한편 이 시기에는 광저우를 비롯한 도시의 지역 유지가 지역사회의 질서 유지와 상호부조를 목적으로 하여 독자적인 조직을 형성하게 된다. 즉 과거科擧 자격 소유자의 살롱인 문란서원文瀾書院, 상인 단체인 광동총상회廣東總商會, 동업자 조직 연합체인 칠십이행상七十二行商, 그리고 그들 유력자가 공동으로 운영한 자선단체인 구대선당九大善黨이 연이어 광저우에 조직되었다. 이윽고 이들 단체는 지역사회의 이익을 옹호하기 위해 열강의 세력 확대에 항의하는 다음과 같은 일련의 민족주의적 운동을 통해 점차 정치적 적극성을 강화해간다.

(1) 1904~1906년에 미국 자본에게서 웨한철도 부설권을 회수하고, 나아가 '관상합변官商合辨'을 주창하는 양광 총독에 반대하여 '상변商辨'을 쟁취한 운동.

(2) 1905~1906년에 화교의 입국을 엄격히 제한하는 미국과의 조약 변경에 반대하여 미국 제품의 유통·사용 금지를 제창한 운동.

(3) 1907~1908년에 영국이 시장西江강에서 경찰권을 요구한 것에 항의한 운동.

(4) 1908년에 청조 당국이 일본 선적인 다이니타쓰마루第二辰丸를 밀수 혐의로 나포했을 때, 일본 측 요구에 응하여 석방·배상한 것에 항의하여 일본 제품의 유통·사용 금지를 제창한 운동.

(5) 1908~1909년에 영국 선적인 포산仏山호의 포르투갈인 선원이 중국인 승객을 살해한 것에 항의하여 선주에게 보상금 지급을 요구한 운동.

(6) 1909년에 마카오의 영역 확대를 꾀하는 포르투갈에 대하여 청조 당국의 타협을 저지한 운동.

(7) 1909년에 일본인에 의한 둥사제도東沙諸島 점거에 항의하여 청조 당국이 이것을 회수하는 것을 지원한 운동.

정치 참여

지역 유지는 이 모든 문제에 관하여 지역사회의 자기 결정권을 요구했으며, 청조 당국에 대한 정치 참여 요구도 거세졌다. 1906년에 청조로부터 헌정 준비를 선언하고, 다음 해에는 문란서원의 과거 자격 소유자를 주체로 한 광동지방자치연구사廣東地方自治硏究社와 칠십이행상의 유력 상인이 주축을 이루는 월상자치회粵商自治會라는 두 개의 입헌운동 단체가 결성되었다. 전자는 온건파, 후자는 급진파라는 차이는 있었지만, 둘 다 전국 규모의 국회 개설 운동에도 참가했다.

1908년 광서제와 서태후가 서거하고 선통제宣統帝가 제위를 이은 것을 계기로 각 성에 자의국諮議局이 개설되어 의원 선출이 결정되었다. 이것은 극단적인 제한선거로서 선거권은 일정한 직업력, 학력, 재산 등을 지니는 25세 이상(피선거권은 30세 이상)의 남자에게만 인정되었다. 또한 자산을 은닉하기 위해 투표권을 포기하는 사람도 있었기에, 광둥성에서는 인구 약 3,300만 명 중 유권자가 총 인구의 0.42%에 지나지 않는 약 14만 명에 그쳤다.

선출된 94명의 의원 중 80명이 과거 자격 소유자, 57명

이 관료 경험자 혹은
관직 보유자로, 광동
지방자치연구사 회원
이 적지 않은 것에 비
해 월상자치회 회원은
전무했다. 이것은 자
의국을 통해 지방자치

광둥 자의국(민제閔傑 편저 『영상신해
映像辛亥』 푸젠교육출판사福建教育出版
社, 2011년, 하권)

에 참가할 기회를 얻은 사람이 광둥성의 지방 유력자 중에
서도 비교적 온건한 일부에 그쳤다는 것을 나타낸다. 하
지만 이 자의국 의원들은 조정의 기대에 반하여, 대두하던
지방 유지층의 이익을 대표하며 대체로 지방 당국에 대항
하는 자세를 취했다.

  광둥성 자의국은 1909~1911년에 매년 정례회와 임시회
를 각각 두 번 소집하였다. 제출된 의안은 147건에 달했
다. 어디까지나 자의원은 의안을 심의하는 자문기관이라
는 성격이 강했다. 통과시킨 의안의 실행을 총독인 쉰푸
에게 강제하는 권한은 없었다. 그러나 실제로는 지방 유
지가 지역사회의 모든 문제에 관해 주체적 의사 결정을 행
하는 기관으로 변질되어갔다. 제출된 의안 중 37건이 탄

핵 의안이었다는 점만
봐도 자의국은 지방 당
국과 지방 유력자 사이
의 모순을 현재화하는
역할을 했다는 사실을
알 수 있다.

자정원(전게 『영상신해』 하권)

　그리고 이러한 지방 유력자의 정치화, 자율화는 헌법 제
정과 국회 개설에 의한 더욱 적극적인 정치 참여를 요구
하는 운동으로 발전하여 각 성 자의국이 연합하여 조정
에 대해 국회의 조기 개설을 세 번에 걸쳐 청원한다. 1910
년에는 중앙 자문기관으로서 자정원資政院이 개설되어 황
족이나 귀족으로 이루어진 흠선의원欽選議員과 각 성 자의
국에서 선출된 민선의원民選議員이 각각 절반을 차지했지
만, 역시 자정원도 마찬가지로 국회의 조기 개설을 요구했
다. 그 때문에 조정은 어쩔 수 없이 국회 개설 예정 시기를
1916년에서 1913년으로 앞당기는데, 그래도 수많은 청원
자를 만족시키지는 못했다.

흔들리는 왕조체제

중앙과 지방, 혹은 전체와 부분의 괴리가 현재화하는 가운데 청조는 이것을 심화하는 정책을 펼쳤다. 1911년 5월 8일에 황족을 포함한 만주족이 과반수를 차지하는 내각이 성립했고, 다음 날에는 민간 자본으로 부설할 계획이었던 촨한川漢(청두成都~한커우漢口), 웨한 두 철도의 국유화가 결정된 것이다. 이것에 실망하고 반발한 지역 유지층은 후베이, 후난, 쓰촨, 광둥 등의 각 성에서 보로保路(철도 방위)운동을 전개하여 청조 당국과의 갈등의 골이 더욱 깊어진다. 장기적인 지각변동의 결과로서 왕조체제 자체의 뼈대가 점점 흔들리기 시작한 것이다.

그런데도 홍콩을 거점으로 한 쑨원의 혁명운동은 제2장에서 말한 것처럼 정체 상태에 빠져 있었다. 무장봉기가 거듭 실패로 돌아가자 중국동맹회 내부에는 혁명의 앞날을 비관하여 주요 인물을 암살함으로써 활로를 찾으려는 인물이 나타난다. 쑨원의 측근이었던 왕징웨이는 1910년 봄에 베이징에서 섭정왕 재풍載灃(선통제 푸이溥儀의 부친)의 암살을 기도했으나 이 시도는 실패로 끝났다. 왕징웨이는 간신히 사형만 면하고 무기징역에 처해졌다. 홍콩에서는 일부 중국동맹회원이 지나암살단을 조직했는데, 황화강 봉기가 실패로 끝나자 황싱도 여기에 가담했다. 그리고 후한민은 동남아로 사라졌다.

한편 쑨원의 화남 혁명노선이 무너졌다고 판단한 쑹자오런과 일부 회원은 1911년 7월 31일에 상하이에서 중국동맹회 중부총회를 조직한다. 그리고 창장강 유역 각지에서 동시에 신군을 봉기케 하여 신정부를 조직하고 북벌에 의해 청조를 타도할 계획을 세웠다. 쑹자오런이 기초한 것으로 보이는 장정에는 중부총회의 '종지'로서 '청 정부를 타도하고 민주적인 입헌정치 체제를 수립한다'는 내용만을 내세웠고 민생주의는 배제했다. 이처럼 쑨원의 지도성을 무시한 쑹자오런의 창장 혁명노선은 앞서 말한 '수'에 대한 '방'의 우세라는 지각변동의 귀결로서 나타난 시대의 대변환과 같은 시기에 등장한다.

2 신해혁명

혁명의 발발

아이러니하게도 역사적인 대전환의 발화점은 쑨원이 교두보를 구축하려고 고군분투했던 화남 연안부가 아닌 상하이에서 직선거리로 약 1,700㎞ 떨어진 내륙의 창장강 상류에 위치한 쓰촨성의 성도省都인 청두成都였다. 1911년에 성립한 사천보로동지회四川保路同志會가 점차 조정에 대한 반발 자세를 강화하자 9월 7일에 이 모임의 회장이자 쓰촨 자의국 의장인 푸뎬쥔蒲殿俊이 체포되었는데, 그의 석방을 요구하는 수십 명의 청원자가 사살된다. 이것에 대한 항의가 폭동으로 발전한 틈을 타 중국동맹회원이 조직한 보로동지군保路同志軍이 청두를 포위하자 조정은 주변 각 성의 군대를 파견하여 진압을 시도한다.

청두에서 동으로 약 1,000㎞ 떨어진 후베이성 성도 우한武漢은 창장강과 한수이漢水강의 합류 지점에 위치하여 강을 사이에 둔 우창武昌, 한커우漢口, 한양漢陽 세 지구로 이루어져 있다. 이 우한의 신군에는 혁명파가 침투해 있었다. 그들은 청두로 파견 명령이 내려지면 봉기할 계획을 세우고 기회를 노리고 있었다. 단, 쑨원의 지도하에는 후베이성의 혁명 세력은 없었다. 그 중심을 이룬 두 단체 중 문학사文學社는 탕차이창의 계보를 잇는 지방 혁명 세력인데 주체는 신군 장병이었다. 중국동맹회 본부가 분열한 1907년 여름에 일부 회원이 도쿄에서 결성하여 창장강 유역에서 회당이나 신군 장병을 조직한 공진회共進會는 종지 제4장인 '지권을 평균한다'를 '인권을 평균한다'로 바꾸었다. 두 조직은 1911년 여름 합류하여 이것과 연계하면서 앞서 말한 중국동맹회 중부총회가 성립한 것이다.

우한의 혁명당원이 9월 24일 회의를 열고 중추절에 해당하는 10월 6일 밤에 봉기하기로 결정한 것은 원나라 말기 한인이 '달자韃子', 즉 몽골인 지배자를 끌어내리기 위해 중추절에 봉기했다는 전설을 따른 것이다. 하지만 이것을 눈치챈 당국이 경계를 강화한 탓에 봉기는 사흘 후로 연기되었다. 지원을 요구받은 상하이의 중부총회가 홍콩에 있는 황싱에게 연락하자 중국동맹회 내부의 광둥파와 창장파와의 매개 역할을 하던 황싱은 미국에서 연설 중이던 쑨원에게 전보를 쳤다. 후베이 신군의 봉기계획을 전하며 자금 지원을 요구하는 내용이었다.

그러나 봉기가 예정되었던 10월 9일에 혁명당원이 폭탄을 제조하던 중 실수로 폭파하여 당원 명부를 포함한 비밀문서가 당국에 압수되고, 세 명의 당원이 체포되어 처형당한다. 수사의 손길이 뻗어오는 것을 눈치챈 혁명당원의 신군 장병이 죽음 속에서 살길을 찾기 위해 다음 날 밤에 우창에서 건곤일척의 봉기를 일으켜 후베이, 후난 두 성을 관할하는 후광 총독의 청사를 공격하자 총독은 도망치다 창장강에 대기 중이던 군함으로 피난했다. 바로 이것이 그해의 십간십이지를 따라 신해혁명辛亥革命(제1혁명)이라고 부르게 된, 중국 근대사 최대의 정치적 사건의 발발이다. 이날은 음력 8월 19일인데 서력으로 하면 10월 10일에 해당하여, 훗날 중화민국의 국경절인 '쌍십절雙十節'이라는 이름이 생겨났다.

다음 날 봉기군은 우창, 한커우, 한양을 연이어 제압하는 한편, 자의국 정·부의장과 협의하여 국호를 중화민국이라 정하고 후베이 군 정부를 설립한 후, 국회 조기 개설 운동에 참여한 자의국 의장인 탕화룽湯化龍을 민정장으로 선출했다. 이것은 혁명파의 무장봉기가 지역 유지의 반중앙 경향과 시기를 같이했음을 의미한다. 하지만 봉기군에는 계급이 높은 군인이 없었기에 신정권의 수장이 되는 도독(성 군정장관)의 인선은 난항을 겪었다. 따라서 혁명당원이 아닌 여단장 뤼위안훙黎元洪(46세)을 자의국으로 연행하여 반강제로 도독의 지위에 앉힌 것이다.

지구 반대편에 있던 '주모자'

10월 11일 저녁(중국에서는 날짜기 바뀌어 있있을 것이다), 쑨원은 열차로 로키산맥의 기슭에 있는, 해발고도 1,600m(1마일)에 자리 잡았다고 하여 마일하이시티Mile High City라고 불리는 덴버Denver에 도착했다. 그에게는 십수일 전에 홍콩에 있는 황싱에게서 전보가 도착했는데 암호 해독표를 넣은 짐을 먼저 발송해버려서, 이곳에 와서야 비로소 짐을 받아 암호 전보를 해독한다. 그는 후베이 신군의 봉기계획을 알았지만, 긴 여행으로 피로가 쌓여 답변을 보내지 않고 잠들었다. 다음 날 아침 11시에 눈을 뜨자 호텔 매점에서 신문을 산 후 늦은 아침을 먹기 위해 식당으로 들어가 그 신문을 펼친 그의 눈에 들어온 것은 '혁명군이 우창을 점령'이라는 기사였다. 떠돌던 예언자가 당도한 이곳 덴버는 우한에서 약 1만1,000㎞ 떨어진 곳. 이 거리는 곧 중국 내에서 일어난 사태와 그와의 거리를 나타내는 것이었다.

혁명은 자신의 손이 거의 닿지 않는 곳에서 발발했지만, 쑨원은 이것을 오히려 천재일우의 기회로 삼기로 하고 적극적인 행동을 보인다. 혁명의 귀추를 결정하는 것은 국내의 전황이 아니라 의화단전쟁 이후에 청조에 대한 영향력을 강화해온 열강의 대응이라는 것을 그는 너무도 잘 알고 있었다. 따라서 그는 곧장 태평양을 건너 귀국하여 혁명의 전선으로 서둘러 달려가기보다는 열강 당국과 교섭하는 것이 바로 자신의 책무라고 판단했다. 더욱 구체적으로는 중국 혁명에 미국과 프랑스는 찬성하지만 독일과 러시아는 반대하며, 일본 민간은 동정적이지만 정부는 반대하고, 영국 민간은 동정적이나 정부의 태도는 알 수 없었다. 쑨원은 외교의 초점을 두어야 할 대상은 영국 정부라고 판단했다. 그렇게 쑨원은 덴버를 떠나 미국 동해안으로 향한다.

이러한 쑨원의 관찰과 예측이 크게 틀리지 않은 모양이다. 한커우에 조계租界(2차 세계대전 전에 중국의 개항도시에서 외국인 거류지로 개방되었던 치외법권 지역-역자 주)를 지닌 각국의 영사가 혁명에 대한 반응을 협의할 당시, 후광湖廣총독의 지원 요청을 받은 독일영사는 봉기군을 의화단에 비교하며 무력간섭을 주장했다. 이때 쑨원과는 오래전부터 알고 지내던 프랑스영사인 라파엘 레오가 여기에 반대한다. 그는 이번 봉기는 정치 개량을 목표로 하는 쑨원 혁명당에 의한 것으로, 의화단과는 다르므로 간섭해서는 안 된다고 주장하며 각국 영사의 동의를 얻은 것이다. 결국 영사단은 혁명군을 교섭단체로서 승인하여 중립을 선언했는데, 이것은 쑨원이 힘써온 대외 공작과 무관하지 않다. 더불어 이것이 혁명의 진전에 유리한 조건이 되었음은 두말할 필요도 없다.

덴버에서 대륙횡단철도를 타고 동으로 향한 쑨원은 미시시피강과 미주리강의 합류점에서 가까운 세인트루이스 St. Louis에서 "우창의 혁명군은 쑨원의 명령을 받아 봉기했고, 공화정 체제를 수립할 것이며, 그 첫 대통령은 쑨원이 될 것이다"라는 신문기사를 접했다. 지구 반대편에 있는 그가 중국에서 진행 중인 혁명의 주모자이자 장차 수립될 새로운 국가의 원수가 될 인물로 지목된 것은 그의 십

수 년에 이르는 해외 활동의 결과일 터이다. 그러나 정작 그 자신이 이러한 평판을 어떻게 받아들였는지는 명확하지 않다. 10월 15일에 미시간호 연안의 도시 시카고에서 중국동맹회 분회가 중화민국 성립을 기원하는 회합을 개최했을 때, 쑨원은 모여든 십수 명의 기자와 접촉하기를 피했다고 한다. 그러나 심중에는 남몰래 기대하는 것이 있었는지 누가 알겠는가.

외교공작

미국 동해안인 워싱턴에 도착한 쑨원은 10월 18일 국무장관 필랜더 녹스Philander Knox에게 비밀회담을 요청하는 서한을 보냈지만, 미 당국으로부터 아무런 답변도 얻지 못했다. 쑨원의 예측과 기대는 배신당했다. 이틀 후에 뉴욕으로 이동한 그는 귀국 후에 자신의 지위를 확보하기 위해 두 개의 포석을 깐다. 우선 양광 총독인 장밍치張鳴岐에게 타전하여 혁명에 합류할 것을 촉구하고, 후한민과 주즈신이 광둥성에서 봉기하기로 결정했다. 이것은 훗날 쑨원이 만년에 이르기까지 이 성을 거점으로 삼는 간접적 원인

이 된다.

또한 일본인 지원자인 가야노 나가토모萱野長知와 교류했고, 일본의 뉴욕 주재 총영사의 뜻을 받들어 쓰루오카에이타로鶴岡永太郎를 만나 화중의 혁명이 쑨원의 지도에 의해 발발했다고 말한 것은 자신의 영향력을 실제보다 과장한 것이다. 또한 독일 황제나 러시아 관헌이 중국 혁명에 동정적이라고 말하고, 워싱턴에서 미국 정부와 접촉한 것을 시사하며 정식 입국 허가를 희망한다는 뜻을 일본 정부에 전하도록 요구한 것은 열강 간의 경쟁심을 자극하여 지지를 얻으려 한 것이리라.

11월 2일, 미국에서는 아무런 외교 성과를 거두지 못한 채 쑨원은 뉴욕을 떠나 바닷길을 이용해 유럽으로 향한다. 11월 11일에 런던에 도착한 그는 런던에서 지원 획득 공작에 착수한 호머 리와 합류한 후 외무장관인 에드워드 그레이Edward Grey와 간접적으로 접촉하여 다시금 권익의 양보와 지원 제공을 맞바꾸자고 요구했으나, 중국 혁명에 대한 영국의 중립을 표명시키는 데 그쳤다. 11월 21일에는 파리로 이동하여 외무장관인 스테판 피숑Stéphen Pi-chon, 인도네시아은행 총재인 스타니슬라스 시몽Stanislas

Simon과 회견했는데 역시 중립적 자세를 표명시키는 것 이상의 성과는 얻지 못한 채 11월 24일 파리를 떠나 귀국 길에 오른다.

제국의 분열

그동안 이미 중국에서는 화중, 화남 및 화북 일부로도 혁명이 퍼져나가 후난, 산시陝西, 산시山西, 윈난, 장시江西, 구이저우, 저장, 장쑤, 광시, 안후이, 푸젠 등 각 성이 잇따라 청조로부터 독립을 선언했다. 그러나 후베이성처럼 도독부(군 정부)의 실권이 중국동맹회원이 아니라 청조를 배반한 지역 유지나 형세를 관망하던 옛 관료, 군인으로 돌아간 경우가 많았다.

쑨원이 십수 년에 걸쳐 공격 목표로 삼아온 광둥성에서는 난광지부가 활동 정지 상태라 조직적인 무장봉기를 일으킬 수 없었기에 성내 각지에 산재하는 중국동맹회원이 각각 독자적으로 봉기를 일으켰다. 성도인 광저우에서는 10월 25일에 온건파 지방 유지가 문란서원에서 회의를 열고 광둥성의 자치와 정치 개혁에 의한 혁명 파급의 예방을 결의했으며, 양광 총독인 장밍치도 여기에 찬성한다. 하지만 광동총상회, 칠십이행상, 구대선당과 같은 급진파 지역 유지들이 10월 29일에 공화정부의 승인 및 혁명 세력과의 교섭을 결의하여 온건파도 합류했다. 그 결과 광저우 성내 각지에 독립기가 걸리자 장밍치가 이것을 금지했고, 이 때문에 주민들의 동요가 더욱 심해졌다.

같은 날 사이공을 떠나 홍콩으로 돌아온 후한민은 주즈신과 함께 광둥성 내 각지의 봉기군을 편세하기로 결정한다. 또한 '군 정부 남부도독' 명의로 구대선당, 칠십이행상 및 3,000만 동포' 앞으로 포고가 발령되어, 성내 각지에서 봉기를 일으킨 군사력을 과시하고, 청조로부터의 이탈과 혁명에 대한 찬동을 요구했다. 광저우의 지방 유지는 11월 9일에 광둥 자의국에서 회의를 열고 독립을 선언하여 혁명파에 의한 공화정부의 수립을 환영하기로 결의하고, 후한민을 도독으로 선출함과 동시에 청천백일기를 지붕 위에 내걸었다. 그리고 다음 날 홍콩에서 광저우에 도착한 후한민이 도독에 취임하여 광둥성은 쑨원파가 장악하는 유일한 성이 되었다. 11월 하순에는 쓰촨성도 독립을 선언하고 변두리 지역을 제외한 내륙 지역 18개 성이 독립했다. 이로써 수도인 베이징을 에워싸는 즈리와 산둥山東, 허난河南, 간쑤甘肅 등 네 개 성만이 청조의 지배하에 남게 되었다.

19세기 중엽부터 진행된 권력의 분산과 하향 이동은 이렇듯 결국 제국의 분열, 즉 신해혁명으로 귀결되었다. 그것은 단순히 청이라는 한 왕조의 붕괴를 의미하는 것이 아니다. 귀족의 연합체라는 성질을 보였던 당唐(618~907)과는 달리 송宋(960~1279)은 전제 황제가 과거에 급제한 관료에게 제국 각지를 지배토록 하는 체제를 창출했다. 이때 그러한 체제 자체가 그야말로 붕괴하고 있었다. 물론 진시황秦始皇에 의한 통일(BC 221)을 기점으로 한다면 왕조체제의 역사는 2,000년을 넘는다. 이렇듯 지역사회의 원심력이 왕조 국가의 구심력을 능가한, 그야말로 1,000년에 한 번 일어날 역사적 대전환을 맞이하여 독립 각 성을 재결합할 수 있는 새로운 중앙정부의 창출이 필요했다. 이렇듯 중국의 최고 권력을 장악할, 문자 그대로 천재일우의 기회를 잡을 인물로서 네 명의 남자가 거론되었다.

뤼위안훙과 쑹자오런

첫 번째 인물은 역사가 빚은 우연에 의해 혁명정권의 수반으로 추대된 뤼위안훙이다. 그는 독립 각 성에 타전하여 중앙정부를 조직하기 위해 우한으로 대표를 파견하도록 요구했다. 이것과는 달리 장쑤, 저장성 도독부 대표도 각 성에 대표 파견을 호소하여 11월 15일에 상하이에서 각 성 도독부 대표 연합회各省都督府代表聯合會가 조직되었는데, 뤼위안훙이 초청되었다는 사실을 알자 그를 중앙대도독, 후베이군 정부를 중앙군 정부로서 승인하고 일부 대표를 상하이에 남기고 우한으로 이전한다.

12월 3일, 이 연합회는 '중화민국 임시정부 조직대강中華民國臨時政府組織大綱'을 결의하고, 원수로서 임시대총통(대통령)을 선출함과 동시에 각 성 도독부의 대표에 의해 입법기관인 임시참의원臨時參議院을 조직하기로 결정했다. 이후 이 임시대총통의 인선을 둘러싼 정쟁이 벌어져 당연한 듯이 뤼위안훙도 유력 후보자 중 한 사람이 되었다. 어쩌다 보니 그가 최초 혁명정권의 수반이 되었는데, 원래는 비혁명당원이자 지방 군인에 지나지 않는 소인물小人物을 신시대 전국 정계의 주요 인물 중 한 사람으로 추대한 것은

역사의 전환기에 발생한
아이러니한 현상이 아니
고 무엇이겠는가.

뤼위안훙(전게『국부혁명사략』)

두 번째 인물은 창장
혁명의 주동자인 쑹자
오런이다. 그는 황싱을
수반으로 옹호하고 자
신이 실권을 장악하기

를 꾀하지만, 봉기가 일어난 후에 달려간 우한에서는 뤼위
안훙에게 저지당한다. 상하이로 돌아간 쑹자오런은 여기
에 남은 각 성 도독부 대표 등과 협의하여 12월 4일 난징
에 임시정부를 두고 황싱과 뤼위안훙을 각각 정·부 대원
수大元帥로 선출하는 데 합의했고, 다음 날 대원수가 중화
민국 임시정부를 조직하도록 결의시켰다. 책사인 쑹자오
런이 황싱을 전면에 내세워 뤼위안훙에게 대항하고 신정
부의 최고 권력을 탈취하려 한 것은 두말할 필요도 없다.
그런데 뤼위안훙이 반발한 데다 권력욕이 강하지 않고 겸
손한 황싱이 고사했기에 쑹자오런의 계획은 빗나간다. 심
지어 화중·화남의 모든 성과 화북의 두 성을 제압했다고

는 하나 '군룡무수群龍無首(용은 여
러 마리이나 우두머리가 없다는 뜻으로
『주역』「건괘」에 나오는 말-역자 주)',
즉 지도자를 잃고 집안싸움을 지
속하는 혁명정권에 북방으로부터
결정적 위협—제국의 역습이 닥
쳐왔다.

쑹자오런(전게 『국부혁
명사획』)

위안스카이(袁世凱)

여기에 등장하는 세 번째 남자가 리훙장의 후계자이자
베이양군北洋軍의 편제뿐 아니라 사법, 산업, 교육의 근대
화에 전력을 다했으나 재풍載灃 등의 유력 황족과의 대립
으로 실각한 위안스카이(52세)다. 신해혁명 발발에 경악한
조정은 재빠르게도 10월 14일에 그를 후광湖廣총독으로
임명하여 혁명 진압을 지시했다. 베이양군이 혁명군에게
서 한커우를 탈환한 11월 1일, 조정은 만주인이 과반수를
차지하는 내각을 사임시키고 위안스카이를 내각총리대신
으로 임명한다.

조정의 명운을 짊어진 그는 이 천재일우의 기회를 놓치지 않고 혁명정권에 당근과 채찍 양쪽 모두의 자세를 제시함으로써 캐스팅보트를 쥔다. 11월 11일에 위안스카이는 우창에 심복을 보내 뤼위안훙과 교섭케 하고, 혁명에 대한 찬동을 조건으로 위안스카이를 총통

위안스카이(전게 『국부 혁명사획』)

으로 선출할 의향을 물었다. 한편 11월 27일에 베이양군이 한양을 탈환하자 그는 중국 주재 영국공사, 한커우 주재 영국영사의 중개를 거쳐 12월 3일부터 혁명군과의 정전에 응했다. 그리고 우전부郵傳部 대신大臣 탕사오이唐紹儀를 파견하여 혁명정권 대표인 전 홍콩입법국 의원이자 전 미국 주재 공사인 우팅팡과 화해하게 한다. 이렇게 위안스카이는 남방 혁명파 측과 북방 청조 측이 공통적으로 간섭을 두려워하는 열강의 지지를 얻어 '사태의 조정자'라는 지위를 확립한 것이다.

한편 우한, 상하이에서 난징으로 집결한 각 성 도독부

대표는 12월 16일 다시금 뤼위안훙을 대원수로 선출하고, 동시에 그 직권을 난징에서 부원수인 황싱이 대행하기로 결의했지만, 황싱이 다시 사퇴하여 수반 선출은 좌절되었다. 이러한 '군룡무수' 상태를 극복할 수 없었던 혁명정권 내부에서는 장쑤 자의국 의장인 장젠張謇과 같은 지방 유지뿐 아니라 황싱을 비롯한 중국동맹회 간부도 포함하여 황제를 퇴위시키는 것을 조건으로 위안스카이를 임시대총통으로 추대하자는 의견이 지배하게 된다. 12월 18일에 상하이에서 시작된 남북화의南北和議도 다름 아닌 탕사오이의 옹립에 의한 입헌공화정 체제의 수립으로 수렴되어간다.

그런 가운데 떠오른 하나의 합의사항이 황제의 퇴위와 맞바꾸어 황족과 귀족(기인)의 대우를 보증하고 나아가 몽골인, 무슬림, 티베트인을 배제하는 일 없이, 이들 비한인 거주 지역을 포함한 청조의 현재 점유 영토를 유지한다는 구상이다. 이것은 쑨원을 비롯한 중국동맹회가 주창해온 '달로 몰아내기', 즉 한인에 의한 민족공화국의 수립이라는 주장으로 인한 방향 전환인데, 그 배경을 이룬 것은 '과분'의 위기였다. 청조의 '번부藩部'로서 간접 지배를 받아온 몽골에서는 불교 지도자인 젭춘담바 쿠툭투Jebtsundamba Khutuktu 8세가 러시아의 지지를 등에 업고 12월 1일에 청조로부터의 독립을 선언한다. 마찬가지로 '번부'였던 티베트는 달라이 라마Dalai Lama 13세가 청조와 대립하여 1년 전인 2월 12일에 영국령 인도로 망명한 상태였다.

일찍이 11월 6일, 장젠은 위안스카이에게 전보를 보내 공화제의 도입과 다섯 민족의 연대를 주장했다. 같은 날 풀려난 왕징웨이도 베이징에서 11월 15일에 위안스카이의 심복이자 전 재일 유학생인 양두楊度와 국사공제회國事共濟會를 조직하여 '만滿, 한漢, 몽蒙(몽골인), 회回(무슬림), 장藏(티베트인) 등의 5족을 반드시 평등하게 정부 아래에 둔다'는 공약을 내세우며 남북화의에 의한 영토 보전을 역설했다. 왕징웨이는 탕사오이와 함께 남하하여 상하이에서 혁명정권에 합류하는데, 아마도 이 왕징웨이를 중개 역할로 삼아 남북 간에 신국가의 구상을 둘러싼 합의가 모색된 것으로 보인다. 하지만 이 지극히 혼란스러운 상황을 해결할 수 있는 유일한 '실력자'로서 많은 사람의 신망을 얻었던 위안스카이가 최고 권력을 장악하는 것은, 네 번째 인물의 출현으로 일단 제동이 걸린다. 그는 바로 황싱이 한 줄기 희망을 걸었던 남자, 쑨원이다.

3 신기원

최전선에 나타난 트릭스터(Trickster)

멀리 유럽에서 쑨원은 조국의 혁명을 주시하고 있었다. 11월 16일에 상하이 혁명파에 전보를 보내 위안스카이를 임시대총통으로 옹립하자는 뤼위안홍의 제안에 찬성의 뜻을 내비친 것은 런던 체재 중에 위안스카이를 지지하는 영국 정부의 방침을 알았기 때문일 것이다. 하지만 수에즈 운하를 뚫고 인도양을 건너 싱가포르를 경유하여 귀국할 무렵, 그는 이 천재일우의 기회를 놓치지 않고 수중에 간직하는 것을 오히려 자신의 역사적 사명이라고 여긴 듯하다.

12월 21일, 쑨원은 홍콩에 도착했다. 광저우에서 달려온 광둥 도독 후한민을 비롯한 동지들의 환영을 받은 그의 상륙을 영국 식민지 당국도 더는 저지하지 않았다. 또한 안절부절못하다가 급히 달려간 미야자키 도라조 홍콩 주재 일본총영사를 보고, 고고한 예언자는 16년에 이르는 떠돌이 생활의 끝을 실감했으리라. 이때 후한민이 광둥성에 머무르도록 진언한 것은 겨우 손에 넣은 교두보를 확보하는 방책으로서는 올바른 판단이었다. 그러나 그것은 이미 쑨원에게 과거에 잠깐 지닌 목표에 지나지 않았다. 혁명이 전국으로 퍼져나가는 상황에서 뤼위안훙도 황싱, 쑹자오런도 '군룡무수' 상태를 극복하지 못했고, 아직 혁명에 대한 찬동을 명확히 이야기하지 않는 위안스카이의 압력을 받으며 군주제 폐지와 공화제 확립을 실현하지 못한 채 혁명이 중도에 좌절되는 것을 쑨원은 두려워한 것이다. 이 교착 상태를 타파하기 위해서는 자신이 혁명의 최전선으로 나가야만 한다고 그는 확신했다.

쑨원이 후한민에게 동행을 명하여 12월 25일에 상하이에 도착하자 군중의 열광적인 환영을 받은 것은 그가 해외에서 거액의 자금을 마련하여 돌아왔다든가, 끝내는 여러 척의 군함을 이끌었다는 소문이 퍼졌기 때문이리라. 실제로는 빈손으로 혁명의 한가운데 뛰어든 그가 그 후 며칠간 국면을 단숨에 움직인 경위는, 그러나 분명 마레비토(客人·マレビト, 일본에서 때를 정해 다른 세상에서 방문하는 영적인 존재-역자 주), 즉 다른 세계에서 온 방문자, 혹은 옛 질서를 파괴하고 새로운 질서를 창조하는 트릭스터가 출현한 것과도 같았다. 다음 날 그는 서둘러 황싱과 상하이 도독인 천

치메이陳其美(중국동맹회 중부총회 서무부장)와 협의하여 자신을 임시대총통에 선출하도록 합의한다. 쑨원을 적대시하여 한때 무력에 의한 배척마저 시사했던 쑹자오런도 더는 반대할 수 없었다. 같은 날 열린 중국동맹회의 최고 간부회의에서도 쑨원이 주장하는 총통제를 도입하기로 결정되었고, 쑹자오런이 주장한 내각제는 배제되었다.

12월 27일, 난징에서 상하이로 온 일부 각 성 대표가 쑨원의 주장에 근거하여 음력 11월 13일, 즉 서력 1월 1일을 중화민국 원년 원일로 삼고, 이날에 임시대총통 취임식을 거행하는 것에 합의한다. 중국에서는 예로부터 천명을 받아 지상을 지배하는 황제가 천계의 운행에서 비롯한 달력을 인민에게 선물한다고 생각했기에 달력의 변경은 곧 기존 왕조의 권위를 부정하는 것을 의미했다. 나아가 수천년에 걸쳐 사용되었던 태음력을 폐지하고 태양력을 채용한 것은 중국이 근대국가로 다시 태어남을 의미했다. 미국에서 유럽을 거쳐 귀국하여 홍콩에서 상하이로 북상하기까지 약 2개월 반, 이날을 쑨원은 계속 의식했을 것이다.

중화민국 임시대총통

　그날로 난징으로 간 황싱이 일련의 결정 사항을 각 성 도독부 대표 연합회에 전했다. 12월 29일에 17개 성의 대표가 중화민국 임시대총통 선거를 실시하여 쑨원을 임시대총통으로 선출한다. 단, 그가 뤼위안홍을 포함한 독립 각 성 도독에 타전하여 혁명에서의 공적을 칭찬하는 한편, 위안스카이에 대해서는 자신의 선출과 취임이 임시적 조치이며 혁명에 찬동한다면 임시대총통의 지위를 양보하겠다고 전한 것은 남북화의의 기본 방침을 따랐기 때문이리라.

　그러나 공화국의 성립이라는 이미 이루어진 사실을 등에 업고 위안스카이에게 물러서지 않을 결의를 드러내며 황제를 퇴위시키고 혁명에 찬동하도록 촉구한 것이야말로 쑨원이 시도한 건곤일척의 대승부였다. 20세기 초반의 세계에서는 중남미 각국을 제외하면 미국, 스위스, 프랑스, 포르투갈 등에만 존재하던 공화정부를 전제왕조 외의 체제를 거의 알지 못한 중국에서 수립하고, 천명이 아닌 민의를 정통성의 근거로 삼아 근대 초기에는 '군주'의 반의어였던 '민주', 즉 대통령에 취임하는 것은, 입헌군주제

외에는 구상할 수 없었던 위안스
카이는 물론이고 뤼위안훙, 황싱,
쑹자오런, 장젠과 같은 혁명정권
의 '군룡群龍'들조차 내디딜 수 없
는 역사적 한걸음이었다.

임시대총통이 된 쑨원
(전계 『쑨중산』)

　1912년 1월 1일, 드디어 중국은
새로운 시대를 맞이한다. 이날 쑨
원은 오전 11시에 전용열차로 상
하이를 출발하여 연선의 각 도시에서 군중의 환호를 받으
며 오후 5시에 역대 왕조들이 도읍으로 삼았던 난징에 도
착했다. 그는 과거 장쑤, 안후이, 장시 등 세 성을 관할한
구 양광 총독서(청)에서 오후 11시부터 중화민국 임시대총
통 취임식에 임했다. 청 제국의 최남단에서 빈농의 아들
로 태어나 화교 네트워크 속에서 근대 문명을 흡수하며 자
랐고, 세계 각지를 떠돌며 신시대의 도래를 예언해온 남자
가, 드디어 고도古都 난징에서 최고지도자의 지위에 오르
며 천재일우의 기회를 손에 넣었다. 심지어 이 양광 총독
서에 왕궁을 두고 자신을 천왕이라 칭했던 그의 젊은 날의
우상인 홍수전과는 달리, 쑨원은 국민의 대표자로서 중국

최초의 공화정부 대통령으로 선출되는 역사적인 대전환을 이룩한 것이다. 이때 그의 나이 마흔다섯, 인생의 절정이었다 해도 좋으리라.

혁명의 착지점

하지만 쑨원이 설 수 있는 자리는 여기까지였다. 각 성 도독부 대표에 의한 선거 결과 보고를 받고 그가 말한 선서는 다음과 같다.

> 만주 전제정부를 타도하고 중화민국을 확립하여 민생 행복에 최선을 다하는 것은 국민의 총의이며, 이것을 원文(스스로 부른 이름. 文이란 글자는 중국에서는 최고의 시호여서 이름을 자칭해 文으로 바꿨을 때부터 자신이 새로운 공화국 문명의 시조가 되겠다는 포부를 품은 것으로 추측된다-역자 주)은 준수하고, 국가에 충성을 다해 인민에게 봉사한다. 전제정부가 타도되어 국내에 전란이 없어지고 민국이 세계에 흘립하여 열국에 공인될 그날에, 원은 임시대총통의 직을 사임할 것을 이곳에서 삼가 국민에게 맹세한다.

이 선서가 의미하는 바는 너무도 명백하다. 북방 900㎞의 수도에서 여천餘喘(죽음에 임박한 목숨-역자 주)을 부지하고 있는 조정에 대해 그 생명 유지장치를 쥔 인물, 바로 위안스카이가 이 식전의 또 하나의 숨은 주역이었다. 왕조의 폐절이라는 한걸음을 내딛는 것은 '충신'에서 '역신'으로 전락하는 것과 다름없었다. 그러니 위안스카이가 주저한 것도 무리는 아니다. 하지만 이미 성립한 공화국을 군사력으로 압살하려 한다면 극도로 치열한 남북 긴 내진에서 권익을 손상받은 열강의 간섭, 즉 의화단전쟁이라는 악몽을 다시 불러일으킬 수 있었다. 쑨원은 사자분신獅子奮迅(사자가 성낸 듯 맹렬한 기세로 일어남-역자 주)의 노력으로 역사의 톱니바퀴를 움직이게 했다. 그리고 위안스카이가 여기에 손을 얹을 수밖에 없도록 몰아가려 한 것이다.

뒤이어 쑨원이 후한민에게 대독하게 한 '임시대총통 취임 선언'은 왕징웨이가 기초한 것이라고 한다. 그가 숨은 조정자 역할을 담당한 것으로 보이는 남북화의 합의에 근거하여 훗날 '오족공화五族共和'라 표현되는 다민족 국가 구상은 "국가의 근본은 국민이다. '한·만·몽·회·장'의 모든 지역을 포함하여 한 나라로 삼고, '한·만·몽·회·장' 모든 족을 합하여 한 무리로 삼는다. 이것을 민족의 통일이라고 한다"라고 되어 있다. 이 식전이 끝났을 때, 이미 날짜는 바뀌어 시각은 오전 2시를 지나고 있었다. 이렇게 중국은 신기원, 즉 공화국의 시대를 맞이했다.

다음 날 위안스카이가 탕사오이를 해임한 것은 그야말로 역사의 톱니바퀴를 자신의 생각을 뛰어넘는 속도로 돌리기 시작한 쑨원에 대해 그가 느낀 동요를 나타내는 것이리라. 하지만 쑨원은 겁내지 않고 기성사실既成事實을 더욱 많이 쌓아간다. 1월 3일, 그는 '중화민국 임시정부 조직 대강'에 근거하여 임시참의원을 조직하기 위해 각 성에 세 명의 참의원을 파견하도록 타전하는데, 그 직권을 임시적으로 각 성 도독부 대표 연합회가 대행하게 되었다. 이 연합회는 쑨원의 제안에 근거하여 임시정부의 행정기구, 즉 육군, 해군, 사법, 재정, 외무, 내무, 교육, 실업實業, 교통 등 9부의 총장·차장(장차관에 해당)의 인선을 승인한다.

총장은 우팅팡(사법) 등의 옛 관료와 장젠(실업) 등의 현지 유지가 다수를 차지했다. 중국동맹회원은 황싱(육군), 왕충후이(외교), 차이위안페이蔡元培(교육) 등 세 명뿐이다. 그리고 뤼위안훙이 임시부총통에 선출되었다. 이것은 다

름 아닌 다양한 집단이 모여 이뤄진 임시정부를 구성하는
각 세력의 지지를 확보하기 위해서였다. 그리고 1월 28일
에는 아직 독립하지 않은 평톈奉天(현 랴오닝遼寧), 즈리, 허
난 3성을 포함한 17개 성의 대표로 이루어진 임시참의원
이 성립했다.

한편 상하이에서는 임시정부를 대표하는 우팅팡이 여
전히 탕사오이와 남북화의를 이어갔다. 난징임시정부 성
립의 충격으로 한때 강경한 태도를 보였던 위안스카이노
일이 여기에까지 이르자 쑨원이 돌리기 시작한 역사의 톱
니바퀴를 빼앗아 자신이 바라는 대로 움직이기로 한 모양
이다. 1월 26일에 그의 뜻을 받들어 위안스카이의 심복인
베이양군 장군 47명이 연명으로 청조 정부에 타전하여 공
화정 체제의 도입을 주장한 것은 명백히 군사력으로 조정
을 협박하는 행위였다. 2월 3일, 조정은 위안스카이에게
황제 퇴위조건을 둘러싼 임시정부와의 교섭을 일임하고,
2월 5일에는 위안스카이가 우팅팡을 통해 전달한 화의의
조건을 쑨원이 참의원에 제의해 수정한 후에 합의를 얻었
다. 이렇듯 황족과 귀족의 기득 권익을 보호하는 것을 조
건으로, 위안스카이가 조정에 황제의 퇴위를 선언하게 한

후, 쑨원이 임시대총통을 사임하고 임시참의원이 위안스카이를 후임으로 선출하는 혁명의 착지점이 보이기 시작한 것이다.

차관 교섭

이처럼 혁명정권이 위안스카이의 협력에 기대하지 않을 수 없었고, 1907년에 쑨원이 중국 최남단의 전난관에서 꿈꾼 것처럼 북벌을 통해 베이징을 공략하여 황제를 추방하는 것이 불가능했던 이유는 오로지 임시정부가 독자적 재원을 갖고 있지 않았기 때문이다. 그 때문에 쑨원은 한편으로 몰래, 위안스카이에 대한 양위를 막판에 회피하기 위한 공작으로서 2월 18일 춘절(음력 1월 1일)을 앞두고 군비를 지급하여 북벌부대를 유지·편제하기 위해 일본으로부터 차관 획득을 계획했다.

우선 쑨원의 의뢰를 받은 미쓰이물산三井物産이 제철기업인 한야평공사漢冶萍公司를 중·일 합병으로 만드는 것을 조건으로 한 차관안을 제안하자, 이것을 1월 12일에 일본정부가 승인하여 2월 2일에 한야평공사 총리(사장)인 성쉬안화이와 미쓰이물산 사이에 500만 엔의 차관 계약이 체결된다. 2월 10일에는 미쓰이물산이 300만 엔을 교부받아 무기 구입 대금에 충당하는데, 여기에 뤼위안훙, 장젠 등의 임시참의원을 포함하여 중국 국내에서 비판의 목소리가 터져나왔다. 하지만 한야평공사의 주주총회에서 부결되어 차관 계약은 취소되었다. 이것과 병행하여 쑨원은 2월 6일에 일본우선日本郵船과의 사이에서 역시 성쉬안화이가 장악한 윤선초상국輪船招商局을 담보로 1,000만 엔의 차관을 받는 가계약을 체결했다. 하지만 일본이 중국 수운업을 독점하게 될 것을 두려워한 영국이 개입했고, 한야평공사 차관 때와 마찬가지로 여론의 반대에 부딪혀 이 차관안도 수포로 돌아갔다.

또한 쑨원은 한층 더 위험한 차관 교섭에도 응했다. 2월 3일에 그는 후한민과 함께 미야자키 도라조와 야마다 준자부로山田純三郎(후이저우惠州 봉기에서 희생된 야마다 요시마사의 남동생)와 동석하여 원로인 가쓰라 다로桂太郎의 뜻을 이었다고 말하는 미쓰이물산 상하이지점의 모리 가쿠森恪로부터 '만주'(동북부) 조차租借(특별한 합의에 따라 한 나라가 다른 나라 영토의 일부를 빌려 일정한 기간 동안 통치하는 일-역자 주)를 조건으로 자금 지원을 제안받았다. 이 지극히 대담한 계획에 대해 쑨원이 계약금으로 1,000만 엔을 즉시 지급하라고 역제안하자, 애초에 슬쩍 떠보려한 정도에 지나지 않았던 일인지라 도쿄의 답변은 점차 애매해졌고, 결국 이 건은 흐지부지되었다. 전난관 봉기 때의 발언에서도 볼 수 있듯이 쑨원이 생각하는 '중국'은 반드시 '만주'를 포함하지는 않으며, 일본의 정계와 군부, 재계에서도 혁명을 틈탄 권익 확대가 일부에서 기획되었다. 그러나 이미 '오족공화'에 의한 현재 영토의 유지는 남북화의에서 공통으로 합의한 것이었으므로, 이때 쑨원이 '만주' 조차를 얼마나 진지하게 고려했는지는 명확하지 않다.

사임

북벌을 가능케 하는 기사회생의 차관 교섭이 실패로 끝나고 남북화의 합의를 통해 2월 12일 드디어 선통제 푸이(6세)의 퇴위를 선언하는 조서가 반포된다. "통치권을 전국에 공평하게 나누어 공화입헌국 체제로 정한다. (중략) 위안스카이가 전권을 가지고 임시공화정부를 조직하고 민군(혁명정권)과 통일 방법을 협의한다. (중략) 여전히 만·한·몽·회·장 등 5족을 합하여 영토를 완전히 하고, 하나의 대大중화민국으로 한다"는 내용은 두말할 필요 없이 위안스카이의 의향을 따른 것이며, 그가 청조로부터 권력과 영토를 승계받아 혁명정권을 흡수할 의사를 드러낸다.

이것에 대해 다음 날 쑨원은 임시참의원에 사직을 통고하고 후임으로 위안스카이를 추천함과 동시에 세 가지 조건을 내걸었다. 즉 ①임시정부는 난징에 둔다 ②신총통은 난징에서 취임한다 ③신총통은 참의원이 제정하는 임시약법을 준수한다 등이다. 여기에서는 위안스카이를 정치적, 군사적 거점인 북방에서 떼어놓고 남방으로 끌어들이려는 의도가 명백히 드러난다. 또한 같은 날 쑨원은 위와 같은 내용의 조서를 위안스카이에게 타전하여 "공화정부를 청조 황제의 위임을 통해 조직할 수는 없다"고 주장하며, 곧바로 베이징을 떠나 난징으로 올 것을 요구했다.

임시참의원이 위안스카이를 임시대총통으로 선출한 2월 15일, 쑨원이 부대를 이끌고 난징 교외의 명조 초대인 홍무제洪武帝 능묘로 가서 한인에 의한 '광복光復'을 보고하는 의식을 행한 것은 '달로를 몰아내고 화하를 회복한다'

는 18년 전의 첫 뜻을 관철했다는 생각을 표현한 것인지도 모른다. 하지만 목숨을 걸고 청조군과 싸운 혁명군 중에는 쑨원의 양위에 반대하는 이가 있었고, 그들이 임시참의원에 의한 위안스카이의 선출을 방해하는 것을 경계하여 부대를 교외로 데려간 것이라고 쑨원이 왕충후이에게 말한 것은, 북방 측과의 타협에 대한 불만이 남방 측에 남아 있었던 속사정을 엿보게 한다.

　같은 날 위안스카이는 쑨원에게 답신을 보내 "청조 황제의 위임으로 공화정부를 조직할 수는 없다는 말은 지극히 옳다"고 인정하면서도 북방 각 성의 질서 유지를 이유로 남하를 거부했다. 2월 18일에 쑨원은 위안스카이를 난징으로 데려오기 위해 차이위안페이를 필두로 쑹자오런, 왕징웨이 등으로 이루어진 사절단을 베이징으로 파견했는데, 2월 29일에 베이양군의 일부가 베이징에서 소란을 일으켰고, 이것이 다음 날에 톈진 등으로도 확산한 것은 두말할 필요 없이 '북방의 불안정'을 필요로 하는 위안스카이의 사주였다. 그가 베이징에서 신정부를 조직하는 것은 열국의 공사단도 지지했으며, 쑨원이나 임시참의원도 여기에 동의하지 않을 수 없었다. 3월 10일에 위안스카이는 베이징에서 중화민국 임시대총통으로 취임했다.

이렇듯 남북 간 줄다리기는 위안스카이의 승리로 끝났고, 위에서 언급한 세 조건 중 두 가지는 실현되지 않았다. 그러나 쑨원은 남은 하나의 조건을 통해 최후의 저항을 꾀한다. 3월 11일 쑨원은 임시참의원이 가결한 '중화민국 임시약법', 즉 잠정헌법을 공포했다. 이것은 주권재민, 기본적 인권, 다민족 국가의 이념을 구가함과 동시에, 참의원은 임시대총통과 국무원(가료)을 탄핵할 수 있지만 후자는 전자를 해산할 수 없게 함으로써 입법권을 행정권보다 우선에 둔 것이었다. 위안스카이의 전횡을 견제하려 한 쑨원과 동지들의 의도는 명백했다. 또한 이것은 훗날 두 사람이 결렬하게 된 한 원인이 된다.

4월 1일 쑨원은 임시참의원으로 가서 임시대총통을 정식으로 사임한다. 이렇게 신해혁명, 즉 마지막 왕조인 청조의 멸망과 최초의 공화국인 중화민국의 성립에 의한 '군주제에서 공화제로의 전환'이라는 중국 근대사상 최대의 정치적 사건은 일단 종지부를 찍었다. 1,000년에 한 번이라는 역사적 대전환을 맞이하여 중국의 최고 권력을 두고 싸운 네 명의 남자 중 뤼위안훙은 다분히 명예직 성격이 강한 임시부총통이라는 납득할 만한 자리에 앉았고, 쑹자오런은 보좌 역할에 만족하면서 훗날의 정당정치 무대에서의 부활을 기약한다.

두말할 필요 없이 최고 권력 탈환에 성공한 위안스카이가 일단 승자이긴 하지만, 염원하던 군주제 타도와 공화제 수립을 이룬 쑨원도 반드시 패자라고 단언할 수는 없다. 도쿄에서 상하이를 거쳐 난징으로 온 중국동맹회 본부가 3월 31일에 개최한 환영회에서 쑨원은 "오늘, 만청(황제)이 퇴위하고 중화민국이 성립함에 따라 민족주의와 민권주의는 모두 실현되었습니다. 다만 민생주의만이 착수되지 못했으니 앞으로 우리가 전력을 쏟아야 할 대상은 바로 그것입니다"라고 연설하여 신해혁명의 성과에 일단은 만족감을 드러냈다.

'수'를 희구하며 '방'에 의존하다

물론 신해혁명의 역사적 의의는 이들 인물 간의 권력 쟁탈이라는 미시적인 차원에 그치지 않는다. 거시적으로 본다면 19세기 후반부터 중국에서 점차 진행된 중앙과 지방, 혹은 전체와 부분의 괴리라는 장기적 지각변동의 결과로서 발발한, 지역사회에 의한 왕조국가의 '과분'이야말로 신해혁명의 본질이었다. 청조 통치하에서 균형을 유지하던 원심력과 구심력, 즉 '방'과 '수'라는 두 가지 힘 중 전자가 후자를 능가한 결과, 각 성이 군권과 재권을 장악하여 청조로부터 독립하여 그 연방적 통합에 의해 중화민국이 탄생한 것이다. 군주제가 아닌 공화제가 채택된 것도 조정이 지방 유지의 이익을 침해한다고 인식되었기 때문이다.

따라서 중화민국의 중앙정부는 당초부터 대내적으로는 지방(구체적으로는 성) 정부를 통합하고, 대외적으로는 외국(실질적으로는 열강) 정부와 교섭하는 두 가지 역할을 해야 했다. 신해혁명을 맞이하여 뤼위안훙, 쑹자오런은 화중 각 성의 '방'에 편승하면서도 스스로 전국 규모의 국가권력을 창출하는 데는 이르지 못했다. 그 부족함을 일시적으로 메운 것이 국내 사회에 세력 기반을 두지 않았기에 필연적으로 '수'를 지향한 쑨원이었다. 그러나 쑨원을 임시대총통으로 세운 난징임시정부는 국제적 승인을 얻지 못했고, 열강이 청조로부터 국가 권력을 계승한 위안스카이를 지지했기에 쑨원은 위안스카이에게 임시대총통 자리를 내줄 수밖에 없었다.

하지만 국내 각 성에 대한 '수'는 위안스카이에게도 미경험의 과제였으며, 따라서 화중·화남의 '방'을 배경으로 하는 쑹자오런, 그리고 '수'를 희구하면서도 '방'에 의존할 수밖에 없는 쑨원의 대치는 지속되었다. 혁명의 원훈이라는 헛된 명성을 가졌을 뿐인 뤼위안훙을 제외한 세 명의 남자는, 오늘날에 이르기까지 중국 정치의 한 기조를 이루는 이 '방'과 '수'의 대항 속에서 최고 권력을 둘러싸고 계속 경쟁하게 된다.

제4장
야누스의 탄생

1916년의 쑨원(전게 『쑨중산』)

1 물거품이 된 꿈

'수(收)'를 지향하다

임시대총통을 사임한 쑨원은 민생주의의 실현을 자신
이 해야 할 일로 정한 듯하다. 이 무렵부터 기존의 '삼대주
의' 대신 '삼민주의'라는 말을 사용하게 되었고, 훗날 이 말
이 정착한다. 그는 상하이를 활동의 거점으로 골랐는데,
1912년 4월부터 10월에 걸쳐 전국 각지를 돌며 '지권을 평
균한다'라는 기존 주장에 더해 칼 마르크스Karl Heinrich
Marx를 참조하면서 은행, 철도, 수운 등의 주요 산업을 국
유화하여 대자본가의 출현을 막는다는 '국가사회주의', 즉
국가가 경제활동을 관리하에 둠으로써 사회 양극화를 억
제하는 구상을 다시금 역설했다.

이것은 특정 지역이나 계층과 같은 사회의 '부분'이 아
니라 '전체'로서의 국가나 민족에 귀속의식을 품는 쑨원의
'수' 지향을 나타내는 것이리라. 이것과 관련하여, 16년 만
에 금의환향한 광저우에서 5월 11일 쑨 일족이 마련한 환
영회에 출석했을 때 그는 다음과 같이 말한다.

오늘 우리 일족 여러분과 만나 뵙게 되어 몹시 기쁩니다. 하지만 생각건대 4억 명 동포는 모두 황제黃帝(한인이 자신들의 시조라 여기는 전설의 제왕-역자 주)의 자손이지 원래 씨족 같은 것은 없었습니다. 인류가 번영함으로써 성씨가 생겨났고, 성씨가 생겨남으로써 가족이 중시되었고, 그로 말미암아 가정이 탄생했습니다. 하지만 이 가족이라는 것도 매우 좋은 것이며, 무수한 가족을 모으면 국가가 됩니다. 이제 국가가 성립했고, 정치는 공화를 제창하며 한·만·몽·회·장을 합쳐 일가를 이루었으니 일족과도 같습니다. 앞으로 더욱 퍼져나가면 아시아까지 이어지니 우리 일족에만 머무르는 것은 아닌 셈입니다.

국사범國事犯에서 일약 혁명의 원훈元勳(나라를 위하여 훌륭한 일을 한 사람-역자 주)이 되었지만, 쑨원이 자신의 지위나 명성을 이용하여 친족의 편의를 봐주려 한 흔적은 없었다. 심지어 형인 쑨메이를 광둥 도독으로 옹립하려고 계획하는 이가 나타나자 강하게 반대했다. 한때는 '마우이 왕'이라 불렸던 쑨메이는 1906년 파산했다. 그 원인은 토지차용권을 둘러싼 재판 패소와 쑨원에 대한 과중한 자금

지원이라고 알려져 있다. 이후에는 모친 및 쑨원의 처자식과 함께 홍콩으로 돌아와 스스로 혁명운동에 참가했다. 그러한 형에게, 권력투쟁에 휘말릴 것을 우려했다고는 하나 정치적 지위를 나누지 않았던 쑨원의 사심 없는 청렴함은 친족 간 상호부조를 미덕으로 여기는 중국 사회에서는 오히려 과도한 공덕의 추구로 비쳤는지도 모른다.

경제 건설에 전념하다

8월부터 9월에 걸쳐 쑨원은 베이징에서 13회에 걸쳐 위안스카이와 회담했다. 의제는 재정, 외교, 천도, 정부 인사부터 몽골과 티베트 독립 문제까지 다양했는데 두 사람 사이에 견해 차이가 발생한 흔적은 거의 없다. 위안스카이가 '일구는 자가 논밭을 가져야 한다'는 주장에도 동의하는 것을 수상쩍어하는 쑨원에게 위안스카이의 참모이자 총통부 비서장인 량스이梁士詒는 이렇게 설명했다.

당신은 각국을 돌아다니며 대지주의 착취를 목격하고, 또 남방에서 태어나 자라며 소작인의 고통을 눈앞에서 지커봤기에 일구는 자가 논밭을 가져야 한다고 주장하고 있습니다. 샹청項城(위안스카이)은 북방에서 나고 자라 아직 그 족적이 창장강을 넘은 적이 없는데, 북방은 자작농이 많고 소작농이 매우 적기 때문에 샹청은 일구는 자가 논밭을 가지는 것은 당연한 도리라고 생각하는 것입니다.

자신과 같은 광둥 출신 량스이의 설명을 듣고 쑨원은 크게 웃었다고 한다. 이 역설은 신해혁명의 발발로 최고 권력을 다투었으며, 또한 훗날 불구대천不俱戴天의 원수가 되는 두 사람이 함께 국가의 통제로 사회 양극화를 억제하는 '수' 지향의 정치가였다는 것을 상징적으로 드러내는 일화다.

하지만 그렇기에 더욱 두 사람은 양립할 수 없는 양웅兩雄이라는 염려를 지울 수 없었다. 위안스카이가 쑨원을 위해 연 환영 연회에서 베이양군의 장군들이 지휘도로 탁자나 의자, 식기를 두드리거나 좌석에서 일어나 "공화는 북양(군)의 공적"이라든가, "동맹회는 함부로 떠드는 폭도"라든가, "쑨원에게는 아무런 힘도 없다"며 큰 소리로 떠들어댔는데 위안스카이는 이것을 보고도 제지하려 하지 않았고, 쑨원은 침착하고 여유롭게 식사를 이어갔다고 한다. 쑨원이 이렇게 배짱을 부린 것은 두 사람 사이에 진정한 신뢰관계가 구축된 것이 아니라 표면상의 융화만 간신히 연출하고 있었기 때문이리라.

따라서 쑨원은 자신에게 정치적 야심이 없다는 사실을 위안스카이가 받아들일 수 있도록 경제 건설에 전념하겠다는 의사를 거듭 표명했다. 7월 17일에 쑨원은 상하이에서 난징임시정부 교통부의 맥을 잇는 중화민국철도협회 회장에 선출되었다. 또한 8월 29일에 방문 중이던 베이징에서 량스이가 회장을 맡은 베이징 정부 교통부 계열의 중화전국철로협회의 명예회장에 천거되었다. 그러자 9월 2일에 쑨원은 두 협회의 합병을 제안했다. 그리고 위안스카이와의 회담에서 쑨원은 10년간 10만㎞의 철도를 부설할 계획을 제시하여 9월 9일에 전국 철도 부설을 계획하는 전권을 부여받는다.

쑨원은 외국에서 차관을 들여와 남로(광둥~티베트), 중로(장쑤~신장新疆), 북로(즈리~몽골)의 세 노선을 부설하는 구상을 세우고 있었다. 그러나 이 구상은 회의적인 여론과 우려에 부딪혀 좌절된다. 그 원인 중 하나가 신해혁명의 도

화선이 된 보
로 운동에 나
타난 지방 유
지의 '방' 지향
이다. 전국 철
도망의 건설
로 국토 통일

장자커우張家口역에서 환영자들과 함께한 쑨
원(앞줄 중앙 왼쪽. 전게 『쑨중산』)

과 영토 보전을 꾀하는 구상은 이미 청조 말기에 대두되
었다. 하지만 경제적으로 발전한 지역에서조차 민간 자본
에 의한 철도 부설은 순조롭게 진행되지 못했다. 변두리
지역 노선은 외국 차관으로 부설하더라도 영업이익을 올
려 변제하기 어렵다. 따라서 전국 철도 경영을 일원화하
여 외자로 건설하기 위해 청조가 간선철도의 일괄 국유화
를 결정하자 투자자의 중심을 이루던 지역의 유지들이 맹
렬히 반발했다. 이것이 청조의 목숨 줄을 죄었다. 한편 '수'
를 지향하는 쑨원은 일원적인 철도 부설을 통한 국가 통합
의 촉진을 계획했는데, 외자 도입에 대한 저항감을 불식하
기 위해 다음과 같이 말했다.

만청시대에 외국 자본을 빌려 철도를 부설하는 것에 격렬하게 반대한 성은 쓰촨, 후난, 후베이 등의 여러 성이었습니다. 하지만 제가 그 성들의 인사와 이 문제에 대해 토론해보니 당시 외채에 반대한 이유는 사실 조약 내용이 좋지 않아 왕왕 국권을 해쳤기 때문이지 결코 외채를 빌리는 것 자체를 반대한 것이 아니라고 모두 입을 모아 말했습니다. 만약 차관을 위해 맺은 조약이 주권을 해치지 않는다면, 달리 어떤 손해가 있을까요?

선진적·민주적 체제와 그 위기

쑨원은 상하이로 돌아가 철도 부설계획을 실행에 옮기기 위해 중국철로총공사中国鉄路総公司를 설립하지만 그사이에 정계에서도 '수'와 '방'의 대항이 새로운 국면으로 들어섰다.

중국동맹회는 총리인 쑨원 다음 지위인 협리協理(부총리에 해당하는 지위-역자 주)로서 황싱과 함께 뤼위안훙을 선출하는 등 비혁명파 유력자를 흡수함으로써 세력 확장을 꾀했다. 당시 중국에는 전국 각지에서 무수히 많은 정당이

임시참의원(국가도서관國家圖書館·국가고적보호중심國家古籍保護中心 편
『동방적 각성東方的覺醒』국가도서관출판사國家圖書館出版社, 2011년)

난립했다. 5월 1일에 베이징에서 재개된 임시참의원에서
다수파를 형성하기 위해 역시 베이징으로 본부를 이전한
중국동맹회는 통일공화당統一共和黨, 국민공당國民公黨, 국
민공진회國民共進會, 공화실진회共和実進會와 같은 군소 정
당을 흡수하여 새로이 국민당國民黨을 결성한다. 8월 13일
에 발표한 '국민당 선언'은 1 정치 통일의 유지, 2 지방자
치의 발전, 3 종족 동화에 힘씀, 4 민생 정책의 채용, 5 국
제 평화의 유지라는 강령을 정하고 군소 정당의 반대에 부
딪힌 민생주의의 주장을 애매하게 만들었다.

　8월 25일에 베이징에서 열린 국민당 성립대회에서 쑨원
은 최대 득표를 얻어 황싱, 쑹자오런 등 여덟 명과 함께 이

사로 선출되었다. 9월 3일에는 이사장으로 추대되는데 합병을 추진한 쑹자오런에게 대리를 위임했다.

이날 연설에서 쑨원은 합병의 발목을 잡은 민생주의의 진의를 설명하고, 구 5당의 일치단결을 촉구함과 동시에 다른 당과의 과도한 적대를 충고했지만, 자신은 신당의 운영에 직접 관여하지 않고 어디까지나 철도 부설을 중심으로 한 경제 건설에 전념하려 했다.

임시참의원이 임시약법 규정에 근거하여 선거를 통해 정식 국회를 성립시키기 위해 연이어 가결·공포한 일련의 선거법은 1909년의 자의국 의원선거를 모방하여 제한선거제를 채택했다. 하지만 납세액, 자산, 학력과 같은 선거권의 자격은 대폭 완화되어 연령도 21세 이상(피선거권은 중의원 25세 이상, 참의원 30세 이상)으로 낮아졌고, 총인구에서 유권자가 차지하는 비율은 약 10%(일부 성에서는 30% 이상)에 달했다. 당시 프랑스, 독일, 미국 등에서도 남성의 보통선거가 실시되었는데, 일본의 유권자 비율이 1889년에 1%, 1900년에 2%, 1919년에 5.5%였던 것과 비교하면 중화민국 초기의 유권자 비율은 절대 낮다고 할 수 없다. 신해혁명으로 수립된 신공화국은 당시 세계에서는 상당히 선진적·민주적인 선거제도를 도입한 것이다.

하지만 중화민국의 민주주의 체제는 아이러니하게도 그 선진성, 민주성 때문에 자멸의 길을 걷는다. 1912년 말부터 1913년 초에 걸쳐 실시된 국회의원 선거에서 국민당이 참의원에서는 274의석 중 132석, 중의원은 596의석 중 269석을 차지하여 양쪽 모두에서 제1당이 되었다. 개방적인 선거제도를 이용해 광범위한 지역 유지의 지지를 얻은 국민당이 훗날 입법권을 행정권보다 우선하도록 한 임시법약을 이용하여 자신의 최고 권력에 도전하는 것을 경계한 나머지, 위안스카이가 실력 행사에 나선다. 3월 20일 베이징으로 향하는 열차를 타기 위해 들른 상하이역에서 위안스카이가 보낸 자객에 의해 쑹자오런이 암살당한 것이다. 당시 쑹자오런은 국민당 승리의 주역인 대리이사장으로서, 실질적으로 임시대총통 다음 직위인 국무총리(수상)의 최고 유력 후보로 지목되는 상황이었다. 사건의 주모자에 관해서는 당시부터 여러 설이 있었는데, 심지어 쑹원을 배후로 지목하는 괴이한 설도 있었지만 역시 관련 자료는 정설을 뒷받침한다.

제2혁명

그 무렵 쑨원은 일본에 있었다. 2월 13일부터 3월 23일까지 머무르며 각지에서 조야朝野의 환영을 받았다. 그의 최대 목적은 자신의 철도 부설계획에 협력자를 모으는 것이었다. 결과적으로 시부사와 에이치渋沢栄一 등과 합병기업인 중국흥업공사中國興業公司의 설립에 합의하여 어느정도 성과를 거두었다. 또한 쑨원은 일본의 지지를 얻음으로써 러시아에 의존한 몽골 독립운동에 대치하고, 동시에 영국을 방패막이로 삼고 있던 위안스카이에 대항할 의도도 있었던 듯하다.

3월 25일에 상하이로 돌아온 쑨원은 국민당 간부와 쑹자오런 암살사건에 대한 대응을 협의했다. 그러나 당장거병하여 위안스카이와 대결하는 '무력 해결'을 주장하는 쑨원과 국회의 개막을 기다려 위안스카이를 탄핵하는 '법률적 해결'을 주장하는 황싱의 의견이 대립했고, 결국 일치하는 방책을 찾지 못하고 수세로 돌아선다. 국회는 4월 8일에 정식으로 개회했지만 탄핵에 대한 동의를 얻지 못했다. 한편 위안스카이는 5개국(영, 불, 독, 러, 일) 은행단과의 사이에서 4월 26일에 소금세 등을 담보로 하는 2,500

만 파운드의 차관 계약을 체결했는데 이 자금이 국민당 탄압에 쓰일 것을 우려했다.

5월 5일에 유력 국민당원인 4도독, 즉 탄엔카이譚延闓(후난), 리례쥔李烈鈞(장시), 보원위柏文蔚(안후이), 후한민(광둥)이 차관에 반대하는 통전通電(공개전보)을 연명으로 발표하는 한편, 국회에서는 국민당 의원이 정부를 엄격하게 추궁했다. 이것에 대항하기 위해 위안스카이는 5월 29일 자신을 지지하는 여당 세력으로서 뤼위안홍을 이사장으로, 량치차오와 탕화룽, 장젠, 우팅팡 등을 이사로 앉힌 진보당進步黨을 결성하게 했다. 또한 국민당 의원을 매수하고 협박하여 와해를 시도한 결과, 국민당에서 이탈하여 독자적 단체를 조직하는 의원이 속출함으로써 국회에서 국민당의 입지는 점차 약해진다.

쑨원은 일본의 협력을 얻어 위안스카이에게 사임 압력을 가하려 했지만, 일본 정부는 열국과 마찬가지로 위안스카이를 지지하는 방침을 취하며 쑨원에게 위안스카이와 타협할 것을 요구했다. 위안스카이는 점차 수세로 몰리는 국민당에 대한 공격을 더욱 강화하여 6월이 되자 리례쥔, 보원위, 후한민 등 세 명의 도독을 연달아 파면한다. 백계가 다한 국민당은 위안스카이의 도발에 응할 수밖에 없었고, 결국 리례쥔이 7월 12일에 장시성 호구에서 거병함으로써 제2혁명이 발발했다. 그 후 장쑤, 안후이, 광둥, 푸젠, 후난, 쓰촨 등에서 국민당원이 잇따라 거병하여 독립을 선언하고, 구 청조 관료인 천춘쉬안岑春煊을 각 성 토원군討袁軍 대원수로 세웠으나, 이로 말미암아 위안스카이는 반란 평정이라는 군사행동의 대의명분을 얻었다. 7월 22일에 쑨원은 위안스카이에게 통전을 보내 다음과 같이 밀했다.

동남(모든 성)의 군대와 민중은 무기를 들고 일어서 이구동성으로 당신을 지탄하고 있습니다. (중략) 공복公僕인 자가 국민의 반대를 받으면 당연히 물러나야 하는데, 하물며 국민이 목숨을 던져 싸우려 한다면 (물러나는 것은) 당연한 일입니다. 한 사람의 억울한 자(쑹자오런을 가리키는 것일까)를 죽여 천하를 손에 넣는 일 또한 당연히 해서는 안 될진대, 심지어 천하의 피를 흘려 자기 한 사람의 욕망을 좇는 일은 (그런 일을 해서는 안 된다는 사실은) 두말할 필요도 없습니다.

생애의 트라우마

하지만 화중·화남 각 성의 '방'이 중앙 조정의 '수'를 압도한 신해혁명은 재현되지 않았다. 우세한 베이양군을 직접 상대하는 것이 불리했음은 말할 것도 없고, 사실 제2혁명은 쑨원이 부르짖던 국민의 지지를 얻지 못했다. 사실상 연방국가인 중화민국의 성립으로 이미 일정한 '방'을 실현한 지방 유지 일부를 제외하면, 더는 중앙정부의 '수'에 도전할 동기가 없었다. 광둥성을 예로 들면 후한민의 후임 도독인 천중밍陳炯明(전 광둥 자의국 의원·전 중국동맹회 난팡지부 실행위원)이 쑨원의 지시를 받아 7월 18일에 독립을 선언하자 이것을 성 의회는 만장일치로 승인한다. 하지만 상인을 중심으로 한 대다수의 지방 유지는 여기에 찬성하지 않았다. 오히려 한 달도 못 되어서 혁명 세력을 몰아낸 진압군을 환영하고, 심지어 위안스카이가 성 의회를 해산한 일을 지지한 것은 흡사 도마뱀 머리 자르기라 해야 할까.

난징, 상하이의 전황이 불리했기에 쑨원은 8월 2일에 상하이를 떠나 광저우로 향하지만, 광둥성에서도 제2혁명의 실패를 직감하고 타이완을 거쳐 일본으로 도망친다. 그리고 9월 12일 쓰촨성 독립 취소로 제2혁명은 최종적으로 끝난다. 10월 6일에 위안스카이가 국회에서 정식으로 대총통으로 선출되자 각국은 연이어 중화민국을 정식으로 승인했다. 신해혁명을 통해 성립된 신공화국의 민주주의 체제는 이미 무너지고 있었다. 11월 4일에 위안스카이는 국민당을 해산함과 동시에 국민당적 의원의 자격을 박탈했다. 따라서 국회는 정족수를 채우지 못하고 이듬해 1914년 1월 10일에 위안스카이는 국회 해산을 선언한다. 5월 1일에는 임시약법을 대신해 대총통 권한을 강화한 '중화민국 약법'이 공포되어 점차 위안스카이는 독재 권력을 확립해갔다.

이 귀결은 거시적으로 보면 국가의 사회에 대한 지배의 양 측면, 즉 심리적 기초인 정통성(민의)과 물리적 기초인 강제력(군사력)의 담당자가 혁명의 과정에서 분열된 것과 관련이 있다. 당시 중국은 광대한 국토의 각지에 크고 작은 다양한 군사력이 분산된 채, 개방적인 선거제도를 통해 민의기관이 중앙과 지방에서 조직되었다. 따라서 중앙과 지방, 혹은 행정부와 입법부의 대립이 민의를 방패로 삼은 군사력의 각축전으로 쉽게 전환했다. 그 결과 세계 최첨단 정치체제를 수립한다는 신해혁명의 이상은 우창 봉기로부터 약 2년 만에 물거품으로 돌아갔고, 의회가 군사 지도자에 의한 권력 장악을 정당화하는 시대가 막을 열었다. 그리고 이 실패가 쑨원에게는 일생의 트라우마가 되어 그의 정치사상에 근본적인 변화를 가져오게 된다.

2 중화혁명당

새로운 방침

국빈 대우의 환영을 받은 지 반 년도 채 되지 않아 쑨원은 신해혁명 전과 마찬가지로 다시 망명자 신분으로 일본으로 돌아왔다. 1913년 8월 18일에 도쿄에 도착하자 그는 숨 고를 새도 없이 제3혁명을 통한 위안스카이 정권의 타도를 계획한다. 자신처럼 망명한 국민당원을 모아 새로운 혁명단체인 중화혁명당中華革命黨 결성에 착수한 것이다. 그러나 이 행보는 반발과 분열을 불러일으켰다. 당원에게 "자기 한 몸의 생명, 자유, 권리를 희생하여 쑨 선생을 따라 다시 혁명을 일으키기를 바란다"는 한 문장이 쓰여 있는 서약서에 서명과 지문 날인을 요구한 것이다. 일찍이 9

중화혁명당 당원들과 쑨원(앞줄 중앙, 전게 『국부혁명사획』)

월 27일에 다섯 명이 가입했지만, 이 방법이 너무도 비민
주적이라는 이유로 황싱, 리례쥔, 천중밍 등 유력 국민당
원이 가입을 거부했다. 심지어 중국동맹회 성립 이후 충
성을 다했던 동지들조차 중화혁명당 가입이 늦어졌는데,
랴오중카이와 후한민은 1914년 5월, 주즈신은 1915년 12
월에야 가입했다.

  1914년 6월 15일, 쑨원은 자신이 그러한 방법을 취한 이
유를 동남아에 있는 국민당원에게 보낸 서한에서 다음과
같이 설명했다.

예전에 동맹회, 국민당을 조직했을 때는 주의主義에만 의지하여 동지들에게 호소하고 주의의 일치만을 요구했을 뿐, 인재가 순수한지 아닌지를 고려하지 않았습니다. 이 때문에 당시에는 당원이 많고 세력은 컸지만 내부 분자의 의견이 일치하지 않았고 보조가 흐트러져서 단결과 자치의 정신이 없었습니다. 그뿐만 아니라 명령이나 지도에 따르는 미덕조차 없었으며, 당수는 꼭두각시와 마찬가지이고, 당원은 알알이 흩어지는 모래와 같았습니다. 그 때문에 외부에서 공격을 받으면 금세 무너지고, 어려움이 닥쳐와도 남처럼 소원했습니다. 이것은 당시에 당을 조직할 때 자유, 평등이라는 설에만 현혹되어 명령의 통일이나 당수에 대한 복종을 조건으로 내걸지 않았기 때문일 것입니다.

그러고 보면 흥중회, 중국동맹회, 국민당은 광범위한 지지를 얻기 위해 수평적인 동원에 주력한 반면, 강고한 조직을 형석하기 위한 수직적인 지도는 중시하지 않았다. 이것이 다소 임기응변적이고 통제 불능의 혁명운동을 만든 것은 사실이리라. 그것을 반성하며 쑨원은 진보정당

내부에서 과두 지배의 철칙을 주창한 사회학자 로베르트 미헬스Robert Michels에 의거하여 당원과 당의 관계를 관리官吏와 국가의 관계에 비유한다. 즉 관리는 국민의 공복으로서 "자기의 자유, 평등을 희생하여 국가에 절대적으로 복종하고 인민을 위해 자유, 평등을 꾀해야 합니다"라고 주장하며, 그것과 마찬가지로 혁명당원도 "우선 자기의 자유, 평등을 희생하여 국민을 위해 자유, 평등을 꾀해야 합니다. 그렇기 때문에 당수에 대해서는 명령에 복종해야 하며, 국민에 대해서는 자기의 권리를 희생해야 합니다"라고 주창했던 것이다.

혁명의 이상과 현실

결국 미야자키 도라조와 가야노 나가토모와 같은 일본인 협력자의 중재가 아무런 성과도 거두지 못한 채 끝나고, 황싱이 1914년 6월 30일에 일본을 떠나 미국으로 건너가자, 쑨원은 누구 하나 거리낄 것 없이 자신의 방침을 더욱 밀어붙였다. 7월 8일에 중화혁명당 성립대회에서 발표한 총장은, 청조 멸망으로 민족주의는 실현되었다는 인식에서 비롯한 것인지, '민권주의와 민생주의를 실현한다' 는 내용만 정한 후 삼단계 혁명론을 수정하여 다시 종지로 서 제기한 것이었다.

첫 번째 '군정軍政 시기'는 '적극적인 무력에 의한 일체의 장애를 없애고 민국의 기초를 정하는' 단계, 두 번째인 '훈 정訓政 시기'는 '문명적 통치에 의해 국민을 감독·통솔하 여 지방자치를 건설하는' 단계, 세 번째 '헌정憲政 시기'는 '지방자치가 완비하기를 기다린 후 국민에 의해 대표를 선 출하고 헌법위원회를 조직하여 헌법을 제정하는' 단계라 고 정한 것은 명칭 외에는 중국동맹회의 『혁명방략』 '군 정 부 선언'과 거의 같다.

그러나 제2기, 즉 '군 혁명이 봉기한 날부터 헌법이 공포 되는 때까지를 혁명 시기로 명명한다. 이 시기에는 일체 의 군사·국가 정치는 본 당이 완전히 책임을 진다'며, 중 국동맹회 시기와 같은 정의가 불명료한 '군 정부'가 아니 라 명확히 전위당인 중화혁명당이 정권 수립의 전 과정을 독점적, 배타적으로 장악할 의지를 드러낸 것이다. 또한 3 년 혹은 6년이라는 기한이 명시되어 있지 않아, 중화혁명 당(실질적으로는 총리인 쑨원)의 판단에 '혁명 시기'의 길이가 일임된다고도 해석할 수 있다.

그것에 그치지 않고 '혁명군 봉기 이전에 입당한 자는 모두 수의首義 당원이라고 명명한다. 군 혁명 봉기로부터 혁명정부 성립까지 입당한 자는 모두 협조協助 당원이라고 명명한다. 혁명정부 성립 이후에 입당한 자는 모두 보통 당원이라고 명명한다'고 하여, 혁명당원도 등급을 나누었다. 그리고 '혁명 시기'에 '수의 당원'은 '원훈공민元勳公民'으로서 '일체의 참정, 집정의 우선권을 지닌다'는 내용을 비롯하여 '협조 당원'은 '유공공민有功公民'으로서 선거·피선거권을, '보통 당원'은 '선진공민先進公民'으로서 선거권을 가지는데 '모든 비당원은 혁명 시기 동안에는 공민 자격을 가질 수 없다. 반드시 헌법이 공포되는 것을 기다린 후에 비로소 헌법에 의해 이것을 얻을 수 있다. 헌법이 공포된 후, 국민은 일률적으로 평등하다'고 정했다. 이것은 중화혁명당에 가입하여 총리인 쑨원의 지도에 복종하는 것을 혁명정권에 참가하는 유일한 방법으로 제시한 구상이다. 요컨대 쑨원의 '수'에 대한 지향을 혁명운동의 방법론에 반영한 것이라고도 할 수 있다.

쑨원은 원래 혁명이 군웅할거에 의한 분열, 제위를 노리는 야심가의 출현, 나아가 군 정부 자체의 독재화를 초래할 것을 우려하여 군 정부와 인민과의 상호 견제, 혹은 지역 간 상호 견제라는 과도기를 마련하는 삼단계 혁명론을 착안했다. 이것은 '수', '방' 어느 쪽 극단에도 치우치지 않고 둘의 균형을 꾀하면서 착실히 민주주의 체제를 확립하는 구상이라 할 수 있다. 그러나 '약법約法의 치治'라는 과도기를 마련하는 목적이 당초의 상호 견제에서 군 정부에 의한 인민의 훈련으로 변화하며, 점차 '방'보다는 '수'로 기울기 시작한 것은 제2장에서 말한 대로다.

하지만 실제로 신해혁명의 전개 과정은 쑨원의 예상과 전혀 달랐다. 그것은 지구 반대편에 있던 그에게는 손 쓸 수 없는 곳에서 '수'를 짊어져야 할 군 정부는 개입하지 못한 채 '방'의 분출로서 시작되었다. 따라서 모든 세력이 교착상태에 빠진 것이다. 이때 중국 국내에는 세력 기반이 전혀 없는 쑨원이 귀국하여 갑자기 '방' 지향을 규합하여 '수' 권력을 창출한 수완은 아무래도 한층 눈에 띄었다. 하지만 장기적, 거시적으로 보면 쑨원이 할 수 있는 역할은 창출한 신공화국의 중앙 권력을 위안스카이에게 승계하는 것에 그쳤고, 삼단계 혁명론을 실행할 여지는 거의 없었다. 과도기의 상호 견제도, 인민의 훈련도 이뤄지지 않은 채 '약법의 치'의 어원으로 보이는 '중화민국 임시약법'은 분명 위안스카이에 대한 견제를 포함하고 있다. 그러나 그것이 규정하는 자치체제는 '헌법의 치'에 해당하는 것으로서, 야심가를 견제하는 데 실패하고 민주주의 체제는 무너지고 말았다.

독재를 지향하는 민주주의자

아마도 쑨원은 상하이 도착 후 불과 일주일 만에 임시대총통에 취임하는 성공 체험을 통해 자신의 카리스마를 확신했으리라. 그것이 위안스카이의 독재라는 혁명의 무참한 결말에 대한 실망과 맞물려, 자신의 엄격한 지도를 통하지 않으면 혁명운동은 성공할 수 없다는, 좋게 말하면 사명감, 나쁘게 말하면 독선주의를 마음속에 싹틔운 것으로 보인다. 따라서 중화혁명당의 삼단계 혁명론은 '당수-당원-비당원'이라는 3층으로 이루어진 수직적 권력구조를 통한 철저한 '수'와 '방'의 제압에 의한, 한시적이라고는 하나 혁명독재를 계획한 것이라 할 수 있다.

그리고 과도기인 제2 단계가 '훈정 시기'라고 개칭된 것은, 과거 '약법의 치'의 목적이 상호 견제에서 인민의 훈련으로 전환되는 것을 촉구한 량치차오의 중국 인민에 대한 불신을 쑨원도 내면화했음을 가리킨다. 이 시기에 쑨원은 "민국은 젖먹이와 같으며, 그 초기에는 당원이야말로 보모의 지위에 서서 지도·양육하지 않으면 과거의 실패와 마찬가지로 전락하고 만다"고 말하며 전위당 이론을 정당화했다. 나아가 중화혁명당이 "미래 국가의 모형"이라고도 주장했다. 이것은 '혁명 시기'의 정부뿐 아니라 중국 사회 전체를 혁명당과 일치시키는 구상이라고도 해석할 수 있다. 지문 날인에 반발하는 것을 두고 그는 다음과 같이 말했다.

제3혁명 후에는 결코 제1혁명처럼 애매하게 전국 인민을 국민이라고 칭하는 것이 아니라, 반드시 공화에 찬성하고 선서·등록할 사상을 가진 자만을 국민이라 칭할 수 있다. (중략) 오늘날의 (지문 날인이라는) 방법은 장래에는 전국 국민에게 실시하려 하는 것이다. 우리 당이 혁명의 주창자임에도 (지문 날인을) 꺼린다면 어찌 장래에 전국에서 일률적으로 준수하도록 하겠는가.

미국이 새로이 시민권을 얻는 이민자에게 선서를 의무
화한 것이나, 중국인 입국 제한에 대한 대책으로서 스스로
도 하와이에서 선서와 서명을 하여, 미국의 여권을 취득한
경험이 이러한 사상의 배경에 있는지도 모른다. 뭐가 됐든
민주주의 체제의 확립이라는 혁명의 목적은 변하지 않았
지만, 그것을 실현하는 수단으로서 잠시 혁명독재가 필요
하다는 것을 쑨원은 더욱 강조한다. 또한 중국동맹회 '군
정부 선언'이 싹틔운 양의성이 현재화하여, 쑨원 자신이
'독재를 지향하는 민주주의자'라는 야누스가 된 것이다.

이러한 독선적이라 할 수 있는 방침에 따라 각 성 혁명
파의 대동단결을 통해 성립한 중국동맹회 도쿄본부와는
달리, 중화혁명당 도쿄본부는 랴오중카이, 후한민, 천치메
이, 펑쯔유와 같은 이른바 쑨원 측근 집단이 주를 이룰 수
밖에 없었다. 가입을 거부한 망명한 구 국민당 당원들은
1914년 8월 25일에 독자적으로 구사연구회歐事研究會를
결성했는데 여기에는 황싱, 리례쥔, 천중밍, 보원위 등이
참여했다.

일본에 대한 지원 요청과 21개조 요구

구 국민당을 규합하지 못한 만큼 쑨원은 외국인의 지원에 더욱 매진했다. 위안스카이 정권과의 관계를 고려하던 일본 정부는 당초 쑨원의 입국을 인정하지 않았지만, 이누카이 쓰요시와 대륙낭인大陸浪人(메이지 시대 초기에서 제2차 세계대전 종전 때까지 조선을 비롯한 동부 유라시아 각지에서 정치활동을 전개하던 일본인 무리-역자 주)의 거두巨頭이자 폭넓은 인맥을 자랑하던 도야마 미쓰루頭山滿의 노력으로 체재 허가를 내주기로 결정한다. 이때 일본 정부는 위안스카이 정권과 거래할 때 쑨원의 존재를 이용할 수 있다고도 판단한 것으로 보인다. 한편 쑨원도 이러한 일본 정부의 야심을 역으로 이용할 수 있을 것이라고 인식한 듯하다.

쑨원은 1914년 5월 11일 일본 총리 오쿠마 시게노부大隈重信에게 서한을 보내,‵다시금 권익 제공을 교환조건으로 지원을 요청한다. 즉 일본의 원조를 얻을 수 있다면 혁명이 성공한 후에 중국은 '내정의 개량, 군대의 훈련, 교육의 진흥, 실업의 발전'과 같이 '선진국형 인재 지원이 필수적'인 사업은 오직 '동문동종同文同種의 나라'인 일본에 의존하겠다고 밝혀 각 분야에서 일본의 독점적 영향력을 인

정한 것이다. 그리고 '지나가 전국의 시장을 개방하여 일본의 상공업에 이익을 창출한다면, 일본은 무역을 통해 이익을 독점할 수 있다'며 경제적 특권마저 약속한다.

더불어 쑨원은 불평등 조약의 개정에 대한 외교적 지원을 얻을 수 있다면, 영사재판권을 철폐하는 대신 "법률, 재판, 감옥 등을 일본의 지도를 얻어 개량할" 뿐 아니라, 중국 내륙에서의 잡거雜居를 일본인에게 인정한다고 말했다. 또한 관세 자주권을 승인하는 대가로 "일본과 관세동맹을 맺고 수입되는 일본의 제품은 면세하고, 일본에 수입되는 지나의 원료도 면세해야 합니다"라고 제안했다. 그리고 국토가 좁은 영국이 "인도 대륙을 얻어 모국의 대시장으로 삼았기에 세계의 열강이 대항하지 못할 정도로 강해졌음"을 들며 다음과 같이 말한다.

일본 국토의 발전은 이미 한계에 달해 거의 돌아다닐 여지도 없는데 그에 반해 지나는 토지가 광대하고 물산이 풍부함에도 아직 그것을 개발하지 못하고 있습니다. 지금 만약 일본이 인도에서 영국이 그랬던 것처럼, 군대를 주둔시켜 방위하는 수고나 비용도 들이지 않고 지나에 큰 시장을 얻는다면, 그 이익은 (영국이 인도를 통해 얻은 이익의) 배를 넘을 것이니, 일약 세계 제일의 강국이 된다는 것은 바로 이런 것입니다.

이 제안을 무시한 오쿠마 정권은 제1차 세계대전 발발로 열강의 세력이 동아시아에서 후퇴한 틈을 타, 독일의 산둥성 권익을 빼앗기 위해 1914년 11월 7일에 칭다오 공략에 성공하자, 이듬해 1월 18일에 21개조 요구를 위안스카이 정권에 제출한다. 중국 여론은 이것에 맹렬히 반발했지만, 쑨원은 21개조가 자신의 황제 즉위를 지지하는 교환조건으로서 위안스카이 측에서 제기된 것이라고 설명했다. 교섭 과정에서 일본 측은 혁명운동의 단속을 교환조건으로 제시하고, 5월 7일에 최후통첩을 받은 위안스카이는 이틀 후 요구 수락을 표명한다. 또한 쑨원은 21개조 중 일부와 유사한 내용의 '중일맹약中日盟約'안에 2월 5일 서명·날인하고, 이것과 거의 같은 내용의 3월 14일자 서한을 외무성 정무국장인 고이케 조조小池張造에게 제출한 것으로 보인다(이론도 있다).

쑨원을 지원한 일본인은 주로 민간인으로, 지쿠호筑豊

탄전의 야스카와 게이이치로安
川敬一郎와 히타치日立광산의 구
하라 후사노스케久原房之助, 닛캇
쓰日活의 우메야 쇼키치梅屋庄吉
와 같은 재계 인사가 자금을 제
공했다. 또한 1915년 9월 1일에
쑨원은 아내인 루무전을 도쿄로
불러들여 이혼하고, 오랜 세월
지원해준 상하이의 실업가 쑹자

쑹칭링(왼쪽)과의 결혼
사진(전게 『쑨중산』)

수宋嘉樹의 차녀이자 미국 웨슬리언Wesleyan대학교를 졸
업한 스물둘의 영문비서 쑹칭링宋慶齡과 49세가 되기 직전
인 10월 25일에 결혼한다. 그리고 이틀 후에 우메야 쇼키
치의 저택에서 피로연을 연다. 그 외에도 쑨원은 미국의
실업가 제임스 데이트릭James Deitrick에게 1,000만 달러
의 선금 제공을 조건으로 혁명 성공 후에 중국 정부와 합
작으로 백화점 경영뿐 아니라 광산, 철광, 운수, 곡물창고,
제조업, 무기 생산 등에 대한 출자자를 모으도록 의뢰했으
나 제1차 세계대전에 의한 혼란과 겹쳐 실패로 끝났다.

호국운동

중화혁명당은 중국 각지에서 산발적인 무장봉기를 일으켰지만 모두 중국동맹회 시절에 그랬듯 보급 부족으로 실패한다. 그리고 신해혁명과 마찬가지로 정치 변동은 국외 공작을 통해서가 아니라, 중국 국내의 '수'와 '방'의 모순으로서 시작되었다. 위안스카이가 1916년에 1월 1일자로 황제 즉위를 꾀하자, 이것에 반대하는 량치차오(전 사법총장)의 주도로 서남 각 성의 군사 지도자가 공화제 옹호를 부르짖는 호국운동을 일으킨 것이다.

우선 1915년 12월 25일, 전 윈난 도독인 차이어蔡鍔와 윈난 장군(도독에서 개칭)인 탕지야오唐継堯가 윈난성의 독립을 선언하고 호국군을 쓰촨, 광둥 두 성에 파견하자 이듬해 1월 27일에 구이저우 호군사護軍使(성 군정장관)인 류셴스劉顯世, 3월 15일에는 광시 장군인 루룽팅陸榮廷도 독립을 선언했다. 중국의 혼란을 바라지 않는 열국이 제제帝制의 연기를 권고했고, 심복인 베이양군 유력 장성에게도 배반당한 위안스카이는 어쩔 수 없이 3월 22일에 제제를 취소했지만, 5월 8일에는 천춘쉬안, 량치차오를 맞이하여 광둥성 자오칭肇慶에 호국 각 성을 통합하는 사실상의 임시정부로서 군무원軍務院을 조직한다.

한편 중화혁명당은 산둥성에서 일본군의 협력을 얻어 봉기하고, 화남에서 위안스카이 정권의 지주였던 광둥 장군 룽지광龍済光이 호국군을 요격하는 틈을 타 산둥성 17개 현에서 봉기하여, 천중밍과 량치차오가 동원한 호국군과 함께 각지를 점령한다. 하지만 호국운동의 전개 과정에서 중화혁명당의 영향력은 지극히 한정적이었으며, 쑨원은 자기의 절대적인 지휘로 전위당을 이끌며 제3혁명 과정을 독점적, 배타적으로 장악하는 구상을 완전히 포기할 수밖에 없게 된다.

3월 7일에 오쿠마 내각은 호국군을 항전단체로 승인하고 참모본부가 북방에서는 청조 부흥을 꾀하는 구 귀족의 종사당宗社黨을, 남방에서는 호국군을 지원하게 되어 위안스카이 정권의 타도를 계획했다. 4월 7, 8일에 쑨원과 회담한 참모차장 다나카 기이치田中義一가 각 파와의 연계·협력에 의한 '대동단결'을 촉구했는데, 일본의 지원에 의존하던 쑨원은 그것에 따를 수밖에 없었다. 4월 27일에 일본을 출발한 그는 상하이에 도착하자 5월 9일에 '토원討袁 선언'을 발표하여, 각 파의 연대에 의한 위안스카이 정권 타도를 강조했다. 따라서 황싱도 쑨원과 화해하기로 하고 미국에서 일본으로 돌아가 다나카 기이치, 구하라 후사노스케와 교섭 끝에 자금 조달에 성공했지만, 상하이에서 암살과 봉기를 획책하던 천치메이가 5월 18일 프랑스 조계에 있는 야마다 준자부로 자택을 방문하던 중 위안스카이가 보낸 자객에 의해 암살된다.

그런데 6월 6일 위안스카이가 급사하여 다음 날 부총통인 뤼위안훙이 대총통으로 취임한다. 6월 29일에 임시약법과 국회의 회복을 선언하자, 7월 14일에는 군무원이 해산되고 호국운동은 끝이 났다. 쑨원은 중화혁명당 본부를 도쿄에서 상하이로 이전했지만 국내에서 아무런 지위도 차지하지 못한 채 봉기군에게 군사행위 정지를 명하고, 7월 25일에 "이제 혁명의 명분은 존재하지 않으니 일체의 당무도 정지해야 한다"고 통고한다.

종합해서 말하자면, 신해혁명과 달리 호국운동은 중앙(북양)과 지방(서남)의 군사 지도자 사이에서 '수'와 '방'의 균형이 회복되었기에, 쑨원이라는 '마레비토(트릭스터)'의 개입을 필요로 하지 않았던 것이다. 하지만 다양한 군사 세력이 지배의 정통성을 확보하기 위해 약법과 국회를 쟁탈하는 불안정한 정세는 변하지 않았다. 따라서 쑨원은 틈을 노리게 된다.

3 고고한 영수(領袖)

자복(雌伏)과 재기

위안스카이 사후에 베이양군의 유력 장군은 돤지루이段祺瑞 등으로 이루어진 안후이파와 펑궈장馮國璋 등으로 이루어진 즈리파로 나뉘어, 화북·화중 각 성에서 독군督軍(장군에서 개칭) 등이 할거한다. 여기에 동북부를 세력 범위로 하는 장쭤린張作霖 등의 펑톈파도 가세하여 중앙정부의 주도권을 두고 싸우게 된다. 한편 화남에서는 광둥성마저 포섭한 루룽팅 등의 광시파와 쓰촨성으로의 진출을 꾀하는 탕지야오 등의 윈난파가 병립하여 쓰촨, 후난, 푸젠 등의 각 성에서 남북 군사 세력이 각축전을 벌였다.

이것과는 대조적으로 상하이에 거점을 정한 쑨원의 생활은 당분간 조용했다. 회유의 의도가 있었는지도 모르지만 대총통 뤼위안훙이 그를 고등고문으로 초빙했지만 사퇴했고, 1916년 10월 9일에 수여된 대훈위大勳位는 거절하지 않았으나 실질적으로 정계에서 물러났다. 그리고 10월 31일에는 장제長弟 격인 맹우 황싱이 마흔둘의 나이로 병사했다. 이듬해 4월에 회의 진행 방법을 해설한 『회의통칙會議通則』을 출판한 것이 눈에 띄는 거의 유일한 활동이다. 쑨원은 제2혁명 발발 이후 오랜만에 자복雌伏(가만히 숨어 지냄-역자 주)의 시기를 보낸 것이다.

쑨원에게 재기의 기회를 안겨준 것은 국내 정국의 유동화였다. 제1차 세계대전 참전을 둘러싸고 대독 선언을 주장하는 국무총리 돤치루이와 이것을 거부한 대총통 리위안홍이 대립하여 이른바 총통부와 국무부 사이의 '부원지쟁府院之爭(대총통부府와 국무원院의 싸움-역자 주)'이 바로 그것이다. 1917년 5월 23일에 리위안홍에 의해 파면된 돤치루이가 동북, 화북, 화중 11개 성에 독립을 선언케 하자, 리위안홍에게 조정을 의뢰받은 안후이 독군인 장쉰張勳은 베이징에 부대를 파견하여 리위안홍을 압박하여 국회를 해산시키고, 7월 1일에는 푸이를 추대하여 '복벽復辟(뒤집혔던 왕조를 다시 회복함-역자 주)'을 실행한다. 이것은 군주제를 타도하고 공화제를 수립한 신해혁명을 명백히 부정하는 일이었다.

위안스카이의 제제帝制와 마찬가지로 이것은 온갖 세력의 반발을 불러일으킨다. 뤼위안훙은 복벽을 승인하지 않는다는 취지를 성명으로 발표하고, 부총통이자 장쑤 독군인 펑궈장에게 대총통의 대행을, 돤치루이에게는 복벽파의 토벌을 요청했다. 7월 12일에는 돤치루이 부대가 베이징을 제압하여 복벽은 좌절되었으며, 돤치루이가 국무총리에 복직하고 뤼위안훙은 대총통 사임을 발표한다. 8월 1일에는 펑궈장이 베이징에 도착하여 대리 대총통으로 취임하지만, 돤치루이는 국회나 임시약법의 회복을 거부하고 중앙정부를 장악했다.

이 일련의 사태를 쑨원은 정계에 재진입할 호기로 받아들인다. 하지만 더는 제3혁명 때처럼 자신의 엄격한 지도를 고집하지는 않고, 각 세력을 유연하게 동원하는 방법을 취했다. 그는 안후이파에 의한 각 성의 독립을 비판하는 한편, 베이징에서 상하이에 도착한 해군총통 청비광程璧光과 접촉하여 뜻을 모아 국회의 해산과 장쉰의 복벽, 펑궈장의 대리총통 취임에 반대한다. 또한 6월 27일 참전 저지에 대한 협력을 조건으로 독일에서 얻은 100만 위안 중 30

만 위안을 청비광에게 제공한다. 또한 쑨원은 7월 4일 광둥, 광시, 후난, 윈난, 구이저우, 쓰촨의 각계에 타전하여 "남서 6성만이 민국의 청정한 토지이므로 임시정부를 수립하여 임시총통을 모두 함께 선출하고 회복을 꾀하는 것을 매우 서둘러 협의"하도록 제언하여, 자신을 중심으로 한 신정권을 수립할 의지를 표명한다.

중화민국 군 정부의 해륙군 대원수

쑨원은 7월 8일 군함을 타고 상하이를 떠나는데 확보해야 할 교두보로서 그가 주목한 곳은 역시 광둥성이었다. 당시 광둥성에서는 가장 유력한 광시파의 루룽팅이 광둥성과 광시성을 관할하는 양광 순열사巡閱使, 천빙쿤陳炳焜이 광둥 독군의 지위를 차지한 상태였다. 윈난파도 장카이루張開儒가 광둥성 북부를 지배하에 두고, 성장省長으로는 중앙정부가 주칭란朱慶瀾을 임명했다. 이 '삼각투쟁'이라 불리는 상황에서 쑨원은 비집고 들어갈 틈을 노렸다. 광시파와 윈난파는 복벽에 반대하여 국회와 약법의 옹호를 주장했고, 중앙정부로부터의 자립 경향을 강화했다. 쑨원이 후한민을

중화민국 군 정부 해륙군 대원
수가 된 쑨원(전게 『쑨중산』)

파견하여 천빙쿤, 주칭란, 루
룽팅 등에게 협력을 타진하
자, 광시파가 쑨원파의 침투
와 돤치루이 정권의 무력 침
공을 모두 경계한 반면, 윈난
파와 주칭란은 쑨원파를 맞아
들여 광시파를 견제하는 자세
를 취한 것이다.

　　7월 17일에 광저우에 도착
한 쑨원은 해산과 복벽에 의해 톈진과 상하이에 피난해 있
던 국회의원에게 "그저 서남 각 성만이 공화를 옹호하고
국회를 환영하고 있습니다"라고 호소한다. 이 말에 응하
여 광저우에 도착한 약 130명의 국회의원은 '국회 비상회
의(법정 인원수를 채우지 않았기에 붙은 명칭) 조직대강'을 결의하
고, 나아가 '내란을 평정한 임시약법을 회복하기 위해, 특
히 중화민국 군 정부를 조직한다'고 주장하는 '중화민국 군
정부 조직대강'을 통과시켰다. 국회 비상회의는 9월 1일에
'임시약법의 효력이 완전히 회복할 때까지' 중화민국의 행
정권을 행사하기 위한 해륙군海陸軍 대원수大元帥로 쑨원

을, 다음 날에는 탕지야오와 루룽팅을 원수로 선출한다. 이렇게 '호법(약법 옹호)'을 기치로 내걸고 중앙정부로서 약법의 정통성을 주장하며, 베이징 정부에 대응할 정권이 광저우에 출현한 것이다.

또다시 배제당하다

하지만 각 성의 '방' 지향을 규합하여 '수' 권력을 창출하고 기존 중앙정부에 대항한다는 5년 반 전의 난징임시정부는 재현되지 못했다. 당초 쑨원은 군 정부를 각 파의 연합정권으로 꾸리기로 하고 각 부총장으로서 장카이루(육군), 청비광(해군), 후한민(교통)에 더해, 전 베이징 정부 각료인 우팅팡(외교), 탕사오이(재정), 쑨훙이孫洪伊(내정)를 임명한다. 하지만 군 정부에 반대하는 루룽팅과 정세를 관망한 탕지야오가 원수 취임을 거부하고, 여기에 우팅팡, 탕사오이, 쑨훙이, 청비광도 동조했을 뿐 아니라 광시파를 배척하자 후한민은 광저우를 떠났다. 따라서 쑨원은 각 부총장 대리나 대행 자리에 중화혁명당원인 랴오중카이(재정), 쉬충즈許崇智(육군), 린썬林森(외교), 구 국민당원인 마쥔우馬君武(교통)와 같은 자신의 심복을 임명할 수밖에 없었던 것이다.

또한 군 정부의 수립에 앞서 주칭란이 광시파에 의해 배제되고, 후임 성장은 국회 비상회의에 반대 태도를 표명하여, 화남 지역사회를 실효 지배하는 군사 지도자의 지시를 얻을 수 없게 된 군 정부는 중앙정부로서 정통성을 주장할 뿐인 '국내 망명정권'으로 변모한다. 주칭란은 호국운동 후에 천중밍의 호국군을 흡수한 부대를 거느렸지만, 그 절반을 사임 시에 푸젠성에 진격시키는 조건으로 쑨원과 화해한 천중밍에게 위임한 것이 군 정부가 지휘할 수 있는 유일한 군사력이었다. 나아가 8월 14일에 베이징 정부가 독일, 호주에 선전포고를 했기에, 이미 중국은 교전상태에 해당한다는 국회 비상회의의 결의에 의해 9월 26일에 군 정부도 양국에 선전포고를 했다.

군 정부에 참가하기를 거부한 세력들은 1918년 2월 2일에 군 정부를 대원수제에서 총재합의제로 개조하는 것을 쑨원에게 인정케 했다. 또한 국회 비상회의도 5월 4일에 '수정 군 정부 조직대강'을 가결하여, 같은 날 쑨원은 해군 대원수를 사임했다. 5월 20일에 탕사오이, 탕지야오, 우

팅팡, 쑨원, 린바오이林葆懌(해군함대 총사령), 루룽팅, 천춘
쉬안이 총재로 선출되자 쑨원은 쉬첸徐謙(전 대원수부 대리비
서장)을 대리로 광저우에 남기고 자신은 다음 날 상하이로
떠난다. 이것은 호국운동 때와 같은 상황이다. 엄격한 지
도에서 유연한 동원으로 방침을 전환했음에도 불구하고,
고고한 영수 쑨원은 국내 교두보를 확보하지 못하고 쉰하
나의 나이에 다시 정계에서 배제된 것이다.

외면당한 외교 수법

약 2주간의 개인적인 일본 방문을 거쳐 쑨원은 1918년
6월 26일 상하이로 약 1년 만에 돌아왔다. 8월이 되자 베
이징에서는 돤치루이가 자기의 정권을 강화하기 위해 선
거를 통해 신新국회를 성립시켰다. 이에 반해 광저우의
국회 비상회의는 결석자를 제명하고 차점자 등을 보충하
여 정식 국회(통칭 '구舊국회')가 되었다. 하지만 신국회에서
대총통으로 선출된 쉬스창徐世昌 및 즈리파와 군 정부를
장악한 광시파 및 윈난파 사이에서 평화가 모색되어 11
월 11일 제1차 세계대전이 종식된 직후, 중국에서도 베이

징·광저우 양 정부가 연이어 정전 명령을 발동하였다. 이에 일본, 영국, 미국, 이탈리아의 중국 주재공사와 광저우 주재 영사도 남북 양 정부에 평화를 권고한다. 이것에 의해 자신의 배제가 고착화하는 것을 우려한 쑨원은 안후이파에 지원을 제공해온 일본과, 쉬스창과 즈리파에게 동정적인 미국에 각각 남북화의에 대한 반대를 호소했다.

우선 11월 3일 쑨원은 일본의 상하이 주재 총영사인 아리요시 아키라有吉明와 회견을 갖고, 구舊국회에 의한 헌법 제정과 대총통 선출이 인정되지 않는다면 화의는 "그저 남북 군벌자 사이의 타협에 그칠 뿐 영구적 평화를 기대할 수 없다. 따라서 일본으로서는 차제에 지나는 물론 자국을 위해 단호히 교섭할 결심을 하고 우이右二 조건을 명령하여 해결할 것을 희망한다"고 밝혔다. 그리고 우팅팡, 천춘쉬안, 탕사오이 등 군 정부 총재들에게는 기대할 수 없으며, 자신은 "그저 일본에 중점을 둘 뿐이다. 이번 회의의 성패는 오로지 일본의 태도에 달려 있다"고 말했다. 또한 전후 앵글로 색슨의 활동을 예기하고 일본과 중국의 제휴가 시급함을 주장하며 일본의 용단을 바라는 뜻을 절박하게 거듭 내보였는데, 이것이 미국, 영국에 대한 일본의 경쟁심을 부추기는 의도였음은 두말할 필요도 없다.

이어서 11월 18일 쑨원은 미국 대통령인 우드로 윌슨 Woodrow Wilson에게 전보를 보내 "현재의 세계대전에서 각하께서 제국주의에 대해 거둔 완전한 승리를 축하드립니다. 각하는 문명과 민주주의를 위해 세계가 시작된 이래 가장 위대한 공헌을 했습니다"라고 칭찬했다. 그리고 역시 "국회가 적절한 기능을 발휘할 자유를 가지는 것"을 화의의 "유일한 조건"으로 내걸면서, (중국에서의) 남북 투쟁을 "군국주의와 민주주의의 전쟁"이라며 세계대전에 빗댄다. 그리고 돤치루이 정권에 대한 일본의 지원을 비판하며 "만약 일본의 경우와 마찬가지로 미국의 심리적, 물리적 힘을 베이징의 군국주의자들이 억압된 인민에 대해 악용한다면, 중국은 민주주의에 대한 희망을 잃게 됩니다"라고 권익보다 이념을 강조하도록 설득했다.

여기에 대해 윌슨은 "그(쑨원)가 표명하는 주의와 목표에는 몇 번인가 공감해왔다"고 말하면서도 직접 관여하는 것을 바라지 않았고, 대응에 대한 협의를 받은 국무장관 로버트 랜싱 Robert Lansing도 쑨원이 "뇌물을 받고 최고액을 내는 자에게 봉사하려 했다"며 혐오감을 내비치며 쑨원에게 그 어떤 지원도 해주지 않았다. 쑨원이 오랜 기간에 걸쳐 취해온 권익의 양도와 외국의 지원을 요구하는 방법이 외면당한 것이다.

그리고 11월 26일 다시금 아리요시 아키라와 회담을 진행한 쑨원은 남북화의에 관하여 "이제 지나는 남북 모두 미국의 지도하에서 움직이려고 하며 일본의 세력은 전부 일소一掃하려 합니다. (중략) 영미 간에도 약간의 연락이 있는 것으로 알고 있습니다"리며, 역시 일본의 미국, 영국에 대한 경쟁심을 부추겼다. 또한 그는 남북 통일정권이 성립하면 세계대전의 강화회의에도 영향을 줄 것이라며 다음과 같이 예측한다.

아마도 이 정부가 파견하는 전권위원은 강화회의에서는 영미의 기관이 되어, 중·일 협약(21개조 등)이 전부 파기되는 운명에 처할지 모른다. 즉 결국 동아시아에서 일본의 세력이 구축驅逐되어 영국과 미국이 지배하는 결과를 초래함으로써 진정으로 아시아 민중의 불행이 될 것이다.

그리고 "일본이 아무것도 하지 않고 영국과 미국이 날뛰는 것을 말없이 따르는 것보다, 지금 과단성果斷性 있는 조치를 취하여 철저히 동아시아의 연맹을 이상으로 하는 나를 원조함으로써 장래의 대계에 투자하기 바란다"고 말하며 자신의 아시아주의적 지향을 강조하고 지원을 요청했다. 이것에 대해 아리요시가 사흘 전 신문에 게재된, 일본에 비판적인 내용이 담긴 윌슨에게 보낸 전보문을 언급한 것은, 약간 박쥐 같은 쑨원의 언동을 야유하기 위해서였으리라. 쑨원의 "그 점에 대해서는 반성하지 않을 수 없지만, 일부 여론을 자극하는 효과를 낼 수 있다"며 돌변한 태도를 드러낸 답변은 의외로 솔직한 마음을 토로한 것인지도 모른다. 하지만 이러한 외교 방법은 실력 결여와도 맞물려, 미국과 마찬가지로 일본에서도 거부당했다. 안후이파를 지원하여 거액의 원조를 한 데라우치 마사타케寺内正毅 내각과 마찬가지로, 이것을 대신해 미국, 영국과의 공동보조를 맞춘 하라 다카시原敬 내각도 쑨원의 지원 요청을 무시한 것이다.

『쑨원학설』

이러한 일련의 행동을 보면 쑨원이 궁지에 몰렸다는 것을 알 수 있다. 이때 상하이에서 저술에 전념하던 고고한 영수는 그래도 포기하지 않고 사면초가라고도 할 수 있는 국면을 타개하고 혁명운동을 재개할 가능성을 모색했다. 1919년 6월 5일, 그는 자신의 철학사상과 정치사상을 집대성하여 독자적인 혁명철학으로 이론화·체계화한 『쑨원학설孫文學說-행하는 것은 쉬우나 아는 것은 어렵다』를 상재한다. 이것이야말로 중화혁명당 시기에 두드러진 혁명가 쑨원의 야누스적 성질의 결정체라고도 할 수 있는 저작물로, 다음 장에서 서술할 '삼민주의' 강연록과 어깨를 나란히 하는 그의 주요 저서다.

우선 『자서』에서 쑨원은, 신해혁명이 발발했을 때 "본래라면 그 후에 연달아 혁명당이 신봉하는 삼민주의와 오권헌법, 그리고 『혁명방략』이 규정하는 다양한 건설 구상을 실행할 수 있었으며, 분명 시류에 따라 중국을 일약 부강한 단계로 올리고 인민을 안락한 처지로 이끌 수 있었을 터"라고 말한다. 하지만 혁명당원이 쑨원의 주장은 "이상이 너무 높아서 중국에는 적합하지 않다"고 반대하자 "혁명 종지, 혁명 방략에 대한 신앙이 부족하여 이를 실행하기 위한 노력을 하지 않았기" 때문에 "혁명 건설이 성공하지 못하고, 따라서 파괴 후에 국사가 점점 악화했다"고 하였다.

이것은 쑨원이 신해혁명의 주도권을 장악하지 못하고 삼민주의, 오권헌법이나 삼단계 혁명론을 실행할 수 없었던 것을 가리킨다고 해석할 수 있지만, 이것들을 그가 임시대총통 재임 중에 강하게 주장한 흔적은 없다. 그러한 인식은 그가 중화혁명당 시기에 절대적인 지도를 추구함에 따라 실패한 과거에 대한 반성으로서 형성되었으리라. 즉 "당시를 돌아보면 내가 진심을 다해 혁명당원에게 이야기했지만 모두가 이를 허풍이나 이상, 빈말이라고들 생각했는데, 이제와 생각해보니 그것이 세계 조류의 수요에 적합하며, 또한 민국을 건설하는 재료가 되는 것"이지만, 당원의 "사상이 잘못되었"기에 실행되지 못했다고 혁명 실패의 전말을 소급적으로 묘사한다.

그 잘못이란 『서경書經』에 나오는 '아는 것과 행하는 것은 둘이 아니다'라는 말인데, 이것이 "수천 년간 중국 사람의 마음에 깊이 아로새겨져서 이제는 깨부술 수 없게 되었다"고 그는 지적한다. 그리고 "따라서 내 건설계획은 어떤 것이든 이 말에 의해 지워지고 말았다"고 한탄했다. 나아가 "건설의 책임은 혁명당만 짊어지는 것이 아니다. 민국이 성립한 후에는 그 책임을 국민이 함께 져야 한다"고 힘주어 말했다.

쑨원에게는 자기의 혁명이론 자체를 재검토하려는 의향은 전혀 없었다. 적어도 '지자知者'인 자신이 '행자行者'인 국민을 그의 혁명이론(知)에 찬동하게 히여 혁명 실친(行)에 참가하도록 촉구한다는 것이 이 방책의 기본자세이다. 그리고 이것을 정당화하기 위해 중국 고전에서 국제 정세, 심지어 자연과학에 이르기까지 잡다하리만치 광범위한 지식을 가져와서, 때로는 억지스러운 논법으로 "행하는 것은 쉬우나 아는 것은 어렵다"고 그는 주장했다.

지난행이(知難行易)

쑨원은 인류사의 발전 경과를 삼단계로 나누어 "첫 번째는 미개에서 문명으로 진화하여 알지 못하고 행하는 시기이며, 두 번째는 문명에서 더 큰 문명으로 발전하여 행하고 나서 아는 시기이며, 세 번째는 과학문명이 발전한 후 쑨원의 붓글씨 '지난행이知難行易'(친샤오이秦孝儀 주편 『국부전집國父全集』
제1권, 근대중국출판사, 1989년)

에 알고 나서 행하는 시기이다"라고 주장한다. 이것은 아
직 인식(知)이 미치지 않는 미래·세계를 실천(行)을 통해
기지旣知(이미 앎-역자 주)의 것으로 바꾸어감에 따라 실천
을 사전에 계획·통제할 수 있는 정도가 커지는 과정을 의
미하는 것이리라. 그가 든 열 개의 실례, 즉 음식, 금전, 작
문, 건축, 조선, 축성, 운하, 전기, 화학, 진화는 원리에 대
한 지식 없이 실제 행동을 취하는 것, 즉 "알지 못하고 행
하는"것과 지식을 토대로 행동을 취하는 것, 즉 "알고 나서
행동하는"것도 가능하다는 이중의 의미로서 '지난행이知難
行易'의 예증이라고 말했다.

　나아가 쑨원은 이 인류 진화의 통시적 삼단계를 인간
집단의 공통적 세 유형, 즉 "첫 번째는 선지선각자가 창

조·발명하고, 두 번째는 후지후각자가 모방·추진하며, 세 번째는 부지불각자가 노력·달성한다"에 대응시킨다. 이 것은 인류 진화에 따라 "지자가 스스로 행할 필요가 없을 뿐 아니라, 행자가 스스로 알 필요가 없다"와 같이 인식과 실천의 분업이 진행되는 것을 의미한다. 이 자연적인 '평 범한' 진화에 의해 발생한 격차를 해소하는 인위적인 '비 상' 진화가 혁명이라는 '속성의 건설'이자, 혁명운동이라는 실천을 계획·통제하는 것이 『혁명방략』이라는 인식이라 고 그는 주장한다. 그리고 『혁명방략』의 삼단계 혁명론을 '지자'인 혁명당이 '행자'인 인민의 진화를 돕는 방책으로 서 정당화하고, "중국 인민은 오늘날 처음으로 공화정 체 제로 진화했지만, 역시 선지선각의 혁명정부가 이것을 가 르쳐야 한다. 이것이 훈정의 시기이며, 전제로부터 공화 로의 과도기가 필요한 이유이다"라고 말한다.

마땅히 존재해야 할 민국을 추구하며

이 시기에는 전위당인 중화혁명당은 활동을 정지했지 만, 역시 구체적인 방법으로서 쑨원이 주장하는 바는 전

인민에게 선서를 하게 하는 것이었다. 즉 "흩어지는 모래알 같은" 4억 명의 중국인을 모아 "유기적으로 결합된 법치국가로 만들기" 위해 "반드시 규정에 따라 선서 의식을 행해야 비로소 민국 국민의 권리를 얻을 수 있으며, 그렇지 않으면 여전히 청조의 신민으로 간주한다"고 주장한다. 이것은 선서를 통해 전통적 전제왕조의 지배하에서는 수동적인 통치의 대상에 지나지 않았던 인민이 스스로 근대적 민족공화국의 능동적 주권자라는 자각을 갖도록 촉구하려 한 것이리라. 그러나 여기에서 그가 스스로 솔선하여 행하는 선서는 다음과 같은 것이었다.

쑨원은 정심正心·성의껏 모두 앞에서 선서한다. 지금부터 구舊를 지우고 신新으로 바꾸고 자립하여 국민이 된다. 성의를 다하고 전력을 다하여 중화민국을 옹호하고, 삼민주의를 실행하며, 오권헌법을 채용한다. 정치를 공명하게 하며, 인민을 안락하게 하고, 국가의 기초를 영원히 강고히 하며, 세계 평화를 유지하려고 노력한다. 이상을 다짐한다. 중화민국 8년(1919년) 정월 12일, 쑨원 선서하다.

이처럼 쑨원은 인류 진화의 방향을 체현하는 '선지선각'인 자신의 사상(삼민주의, 오권헌법)을 '후지후각'의 혁명당원뿐 아니라 '부지불각'인 비당원에게도 수용·공유시킨다는 궁극적 목표를 설정한 것이다. '독재 지향의 민주주의자'라는 야누스로 변하여 계속 떠돌고 있는 쉰둘의 그가, 여전히 자기 예언의 올바름에 한 점 의심도 품지 않는다는 것은 역시 임시대총통 취임이라는 성공 경험에 의한 것이리라. 『쑨원학설』의 마지막 장에서 그의 뜻이 동지에게 공유됨에 따라 중국동맹회가 성립하고, 그것이 신해혁명의 성공으로 진전되는 경위를 서술한 것은 그야말로 혁명운동에 의한 중화민국의 수립이라는 실천(行)을 쑨원이라는 지도자의 인식(知)의 구현화로서 묘사한 것으로, 그야말로 '나는 민국이다'라고 자부하는 것만 같다.

그러나 실제로 중화민국에서는 쑨원의 예언이 실현되기는커녕, 그 자신이 정계에서 배제되었음은 두말할 나위도 없다. "내가 중국에서 공화혁명을 제창하여 이미 다행히도 파괴에는 성공했으나 아직 건설 사업에는 착수하지 못했다"고 말한 것은, 이 구현이 미완의 과제라는 인식을 드러낸다. 즉 신해혁명을 '쑨원의 혁명'으로서, 그리고 당

시 상황을 본래의 이념에서 일탈하는 것이라고 파악함에
따라, 자신을 배제한 남북 양 정권을 주도하는 군사·정치
지도자를 향해, 그는 유일한 자원인 혁명사상을 근거로 우
위성을 주장하며 자신의 권력 장악을 통한 '마땅히 존재해
야 할 본래의 중화민국'을 실현하기 위해 혁명운동을 재개
할 의지를 내비친 것이다.

또한 쑨원은 세계대전 종식 후의 각국의 잉여 생산력을
이용한 경제 건설계획『중국의 국제개발』을 영문으로 집
필하여 1919년에 상하이의 영자지『더 파 이스턴 리뷰the
far eastern review』에 단속적으로 게재했다. 또한 이듬해에
는 영어판 전체가, 2년 후에는 중국어판『실업계획實業計
畫』이 간행되었다. 그리고『쑨원학설』을 제1부 '심리 건설',
『실업계획』을 제2부 '물질 건설', 앞서 말한『회의통칙』을
제3부 '사회 건설'로서 정리한『건국방략』이 출간된다.

5·4 운동

이후 쑨원은 '선지선각'의 전위 혁명당수로서 '후지후각'
의 당원에 대한 수직적 지도와 '부지불각'의 비당원에 대

한 수평적 동원을 동시에 추구한다. 이때 초로의 영역에 들어간 고고한 영수가 취한 전략은 서서히 시대의 조류와 맞물리기 시작한다. 우선 1919년 2월 20일에 상하이에서 개시된 남북화의가 5월 13일에 결렬되고, 정국이 유동화하여 다시금 쑨원이 비집고 들어갈 틈이 생긴 것이다. 그는 6월 29일에 푸젠성 서남부를 점령한 천중밍에게 전보를 보내 광둥성으로 진격할 것을 촉구하고, 7월 2일에는 군 정부 총재인 자신을 대리해 남북화의에 참가한 후한민을 사직시켰다.

한편 중국 정치에는 근본적인 변동이 일어나기 시작했다. 그 결과 쑨원은 새로운 동원 대상을 찾아낸다. 제2혁명 이후, 의회는 거듭되는 해산, 회복, 분열, 유전流轉으로 정기적인 선거에 의한 민의의 제도적 표출이 곤란해졌다. 의원은 서서히 대리성을 상실하고 의회에 반거盤踞(뿌리를 넓고 깊게 내림-역자 주)하는 '정객'으로 변하여 중앙·지방정부와 정쟁을 벌이는 '군벌'파들과 상호 의존·이용 관계를 맺으려던 상황이었다. 이렇듯 의회제 민주주의가 공동화하자 상인, 학생, 교원, 기자, 노동자 등의 직능단체나 그에 의한 대중운동이라는 비제도적 민의의 표출이 민주주의를 대체하기 시작한다.

이러한 변동을 상징하는 사건이 바로 5·4운동이다. 파리강화회의Paris Peace Conference에서 일본으로부터 산둥의 권익을 회수하지 못한 것에 대해 1919년 5월 4일 베이징의 학생 수천 명이 항의 집회와 데모를 벌였으며, 친일파로 간주되던 고위 관료의 사저가 습격당한 사건이 발단이 돼 전국 각지에서 집회와 데모, 일본 제품 배척운동이 일어나고 학생, 상인, 노동자의 파업이 이어졌다. 광저우에서는 7월 11일에 파업과 성 의회에 대한 청원이 일어났는데 광시파인 광둥 독군 모룽신莫米新이 시민들을 탄압하고 대표자를 체포한다.

7월 18일 쑨원은 군 정부에 체포자의 석방을 요구하고, 8월 7일에는 광저우의 구舊국회에 군 정부 총재의 사임을 통보했다. 8월 29일에는 군 정부를 해산하도록 구舊국회 양 의원장에게 제안했다. 그리고 10월 10일 쑨원은 중화혁명당을 대신하는 전위당으로서 중국 국민당을 발족시켰다. 이때 종지를 '공화를 강고히 하고 삼민주의를 실현한다'라고 정한다. 10월 18일에 상하이의 학생단체에서 연설한 그는 구국회의 회복이라는 호법운동의 이념을 반

복하는 한편, 다시금 혁명에 의한 신정권의 수립이라는 새
로운 선택지를 제시하며 여기에 대중운동을 포섭할 의도
를 내비친다.

   하지만 어느 쪽이든 그는 상하이에서의 기다림을 끝내
고, 다시금 교두보를 찾아 광저우로 향해야 했다. 이렇게
쑨원은 마지막 도전에 나선다.

제5장
마지막 도전

1924년 만년의 쑨원(전게 『쑨중산』)

1 위태로운 교두보

광둥으로 향하다

제3장에서 말한 것처럼 신해혁명이라는 '방'의 분출로 성립한 중화민국의 중앙정부는 지방 권력의 통합이라는 '수'의 기능을 담당해야 했다. 하지만 유일한 '스트롱 맨'인 위안스카이가 서거한 뒤엔 판도라의 상자를 열기라도 한 듯 다시금 '방'이 '수'를 잠식하여 중앙정부는 점차 약체화·공동화한다. 따라서 쑨원이 군 정부와 같은 '국내 망명 정권'화를 피하면서 독자적인 중앙 권력을 창출하기 위해서는, 우선 교두보가 될 지역사회를 실효 지배할 성 권력을 자신의 지도하에 두어야 했다.

쑨원이 목표로 삼은 광둥성은 호국운동 종료 후 약 3년 동안 계속 외래 세력의 지배하에 놓였다. 주석 총재인 천춘쉬안과 루룽팅 등 광시파의 독단 전횡이 군 정부의 분열을 초래함에 따라 쑨원이 파고들어갈 틈이 생긴다. 우팅팡, 탕사오이와 리례쥔(윈난파 탕지야오의 대표), 그리고 구舊 국회 양원 정·부의장 및 약 200명의 의원이 광저우를 떠나 상하이로 가서 쑨원에게 합류하자 1920년 6월 3일 쑨원, 우팅팡, 탕사오이, 탕지야오는 네 명의 총재 명의로 광저우의 군 정부 정무회의의 정통성을 부정하는 통전을 보낸다. 또한 북방에서는 7월에 발발한 안직전쟁安直戰爭으로 안후이파를 물리치고 베이징 정부의 주도권을 탈취한 즈리파가 다음 달에 신新국회를 해산시켰다.

한편 5·4 운동 이후 다수의 상인, 학생, 노동자 단체의 출현과도 맞물려, 광시파가 장악하던 성 정부에 대해 광둥 성민의 자치 요구가 거세졌다. 여기에 응한 이가 신해혁명 후에 단기간이지만 광둥 도독을 역임하고, 당시에는 푸젠성 서남부를 세력 범위로 삼던 천중밍이다. 광둥성을 공략하도록 재차 쑨원에게 촉구받은 천중밍이 이끄는 광둥군은 1920년 8월 12일에 "광둥인이 광둥을 다스려야 한다"고 주장하며 진격을 개시했다. 전선에 동원공작으로 파견된 주즈신이 9월 21일 전사했지만, 수많은 성민의 지지를 받은 광둥군은 광시파를 물리쳐가며 10월 29일에 광저우에 입성했고, 11월 1일에 상하이에 있던 쑨원 등은 천중밍을 광둥성장으로 임명한다.

'수'와 '방'의 대치

11월 9일 광저우 귀환에 앞서 쑨원은 중국 국민당의 총장을 개정하고, 종지와 목적으로서 삼민주의와 오권헌법을 내걸고, 동시에 삼단계 혁명론에 수정을 가했다. 즉 '군정 시기'에는 '적극적인 무력으로 일체의 장애를 배제하고 민국의 기초를 정한다', 동시에 '정부가 훈정을 행하여 문명적 통치로 국민을 이끌고 지방자치를 건설한다', '헌정 시기'에는 '지방자치가 완성되면 국민이 대표를 선출하여 헌법위원회를 조직하고 오권헌법을 제정한다'라는 내용이었다.

이것은 이미 장악한 광둥성에서는 훈정을 개시하면서 동시에 전국 통일에 착수하여 다른 성에서는 군정을 시행한다는 구상이리라. 그리고 이 2단계 혁명론에 의하면 '군정 시기'와 같은 뜻인 '혁명 시기'에 '일체의 군국서정君國庶政은 모두 본당이 완전한 책임을 진다'고 부르짖었으나 '부지불각'의 비당원을 포함한 광범위한 동원으로 탈환한 광저우 정부하에서 쑨원이 '선지선각'의 전위당수로서 '후지후각'의 당원을 통한 강고한 지도를 실행하기는 어려웠다.

10월 24일에 천춘쉬안, 루룽팅 등은 군 정부의 취소를 통고했다. 하지만 11월 28일에 광저우에 도착한 쑨원, 우팅팡, 탕사오이는 탕지야오와 함께 정무회의 재개와 직무 집행의 지속을 선언하고, 이듬해에는 구이저우 독군 겸 성장인 류셴스도 총재에 취임한다. 하지만 광시, 구이저우, 윈난 각 성은 베이징 정부에 대한 대항이라는 '수'에서 점차 성 자치의 추구라는 '방'으로 방침을 전환하여 전국적으로도 성 단위의 연방제를 희구하는 연성 자치운동이 일어났다. 따라서 구舊국회와 약법의 옹호를 부르짖는 호법운동은 더 이상 화남지역 성들을 결집할 수 있는 이념이 아니었다.

따라서 쑨원은 잠정정권에 지나지 않는 군 정부를 정식 정부로 개조하고, 스스로 대총통에 취임하여 북벌로써 전국을 통일하는 계획을 세웠다. 하지만 이러한 쑨원의 '수' 추구는 '광둥인이 광둥을 다스린다'를 역설한 연성 자치론자가 된 천중밍의 '방' 지향과 대치하게 된다. 성장인 천중밍은 광저우시 정청을 설립하여(시장은 쑨원의 큰아들인 쑨커) 현장縣長, 현의회 의원의 선거를 실시했을 뿐 아니라, 나아가 성 의회의 지지를 얻어 성 헌법 제정에도 착수한다.

한편 쑨원은 1921년 3월 6일 중국 국민당의 광둥 주재 특설 사무소에서의 연설에서 광둥인민이 "그 정도程度에 달하지 못했다"는 것을 이유로 들며, 현장縣長 민선이 혼란을 야기할 우려를 지적했다. 또한 자신도 '훈정'기의 현장 민선을 주장해온 것을 언급하여, 당원이 성민에게 삼민주의를 선전하여 국민이라는 자각을 촉구하도록 호소했다. 그리고 그는 '당원이 광둥을 다스린다'는 구상을 주창하며 "앞으로는 광둥 모든 성이 본당의 당의를 실행할 시험장, 민치주의의 발상지가 될 것입니다. 광둥에서 선국으로 확대하여 창장강에도 황허강에도 본당의 주의가 흘러들어가게 해야 합니다"라고 말했다.

이처럼 쑨원은 천중밍의 '방' 지향을 자신의 '수' 구상에 포섭하고자 했다. 이것에 대해 중국 국민당 광둥지부장에 임명되었던(지문 날인 면제를 조건으로 입당했다고 한다) 천중민도 "내가 광둥을 얻었다고 해서 더 이상의 발전을 바라지 않는 것은 아닙니다"라고 말하며, 전국 통일에 참가할 의지를 드러냈다. 하지만 그는 위안스카이, 돤치루이를 예로 들며 무력 통일이 불가하다는 사실을 역설하며 "인민에게 전권을 쥐어주고, 그 권력을 인민이 발전시키는" 방법으로 통일해야 한다고 주장했다. 군정을 헌정보다 선행하려 하는 쑨원의 구상을 넌지시 비난한 것이다.

또한 이때 쑨원은 삼민주의의 각 항을 자세히 설명하면서 기존의 사상에 수정을 가했다. 즉, 민족주의에 관해서는 신해혁명 당시의 '오족공화론'을 비판하며, 인구가 적고 자위 능력이 결여되어 있으므로 각각 일본, 러시아, 영국의 세력 아래에 있는 만주인, 몽골인, 티베트인을 인구가 많은 한인으로 동화시켜 '중화민족'으로 만들어야 한다고 주장했다. 이것은 신해혁명 이전의 '달로를 몰아낸다'라는 사상이 반전된 것으로, 주변 비한족을 배제하는 것이 아니라 이들을 흡수해 독립을 유지하자는 주장이다.

민권주의에 대해서는 "대의제는 진정한 민권이 아니며, 직접 민권이야말로 진정한 민권입니다"라고 말하며 스위스의 예를 들어 인민이 선거권에 참여하여 '파관(파면)권'이나 법률의 '창제(제정)권'을 가져야 한다고 주장했다. 이것 또한 민생주의, 오권헌법과 마찬가지로 그의 '근대의 초극' 지향을 드러내는 것이리라. 민생주의의 내용은 여전히 '지권을 평균한다'는 것과 자원, 철도 등의 공유화인데, 후자가 『실업계획』에서 주창한 외자 도입과 관련이 있다.

비상대총통

1921년 4월 7일, 약 220명의 의원이 출석한 국회 비상 회의는 '중화민국 정부 조직대강 초안'을 가결하고, 이것에 근거하여 쑨원을 대총통으로 선출했다. 하지만 이미 광시, 구이저우, 윈난 각 성의 탈락으로 광저우 정부가 지배할 수 있는 영역은 광둥성만으로 한정되었다. 천중밍은 광둥성이 베이징 정부에 의한 공격을 받아 성 자치의 추진이 저해되는 것을 우려하여 쑨원의 대총통 취임에 반대한다. 이것에 대해 쑨원은 다음과 같이 말했다고 한다.

내가 출병만 한다면 창장강, 화북의 군대나 민중 중에는 환영하거나 귀순하는 이가 무척 많을 것이다. 베이양 군벌은 광둥성을 침공할 힘이 없으며, 광시군의 잔당은 광둥 침입의 실패에 질려서 더는 광둥성을 노릴 상황이 아니므로, 징춘競存(천중밍)은 안심하기 바란다. 나는 반드시 이번 달 안에 취임해서 신속히 북벌을 실행할 것인데, 성공한다면 물론이거니와 만일 실패해도 나는 나갈 것이며, 광둥성은 징춘이 누구와 타협을 하건 간에 나는 전혀 상관없다. 이제 되었는가.

대총통 취임식 때의 쑨원(맨 앞줄 중앙, 전게『국부혁명사획』)

　　겨우 손에 넣은 교두보인 광둥성의 포기마저 시사한 것
은 무엇보다도 북벌을 통해 전국 정권을 확립하려는, 쉰
넷이 된 쑨원의 초조함에 가까운 집념을 나타내는 것이리
라. 이것에는 천중밍도 타협하지 않을 수 없었다. 5월 4일
에 쑨원, 우팅팡, 탕사오이, 탕지야오, 류셴스가 군 정부
를 취소한다고 선언함으로써 5월 5일에 쑨원은 염원하던
'임시'가 아닌 '정식' 중화민국의 대총통으로 취임했다. 하
지만 국회 비상회의에 의한 선출이었기에 '비상대총통'이
라고 속칭되는 것은 쑨원이 바라던 바는 아니었던 모양이
다. 군 정부로부터 개조된 정식 정부의 각부 총장에는 우
팅팡(외교), 탕사오이(재정), 리례쥔(참모)이 유임했으며, 그
외에도 천중밍이 육군총장 겸 내무총장으로 취임한다. 이

것은 이 정부가 유일한 지배 영역인 광둥성의 지방 권력에 의존하지 않을 수 없었음을 나타낸다.

'수'와 '방'의 괴리

쑨원의 '수' 구상과 천중밍의 '방' 지향은 점차 괴리되기 시작한다. 천중밍의 우려가 현실이 되어 광시성으로 퇴각했던 루룽팅이 베이징 정부와 연계하여 6월 13일에 광시군을 광둥성 내로 침공시켰다. 이것을 천중밍 등이 이끄는 광둥군이 격퇴하고, 나아가 광시성마저 제압하자 8월 11일에 쑨원이 임명한 마쥔우가 광시성장으로 취임했다. 이것은 천중밍에게는 광둥성을 방위하는 전투였지만, 쑨원에게는 광둥성에서 퇴출당하는 계기가 되었다.

정식 정부는 국제적인 승인을 얻지 못했다. 11월 12일부터 이듬해 2월 6일에 걸쳐 개최되어 중국을 둘러싼 9개국 조약이 체결된 워싱턴회의에도 쑨원 정부는 참여를 요구했지만 초대받지 못했다. 이러한 상황을 타파하기 위해서 10월 8일에 국회 비상회의가 쑨원이 제출한 북벌안을 가결하자, 10월 15일에 그는 정식 정부를 우팅팡에게 맡기고 광저우를 떠나 광둥군이 주둔하는 광시성 난닝으로 떠난다.

북벌에 반대하는 천중밍에게 쑨원은 "내가 북벌을 행하여 이기면 자연히 광둥, 광시로는 돌아오지 못하게 되네. 설사 북벌을 행하여 진다면 더욱더 돌아오고 싶어도 면목이 없어 돌아오지 못하네. 그러니 두 성은 자네가 통괄해주었으면 좋겠네. 내 북벌을 방해하지 말고 식량과 무기만 제대로 공급해주게"라고 말하며, 광둥뿐 아니라 광시까지 포기할 의지를 드러냈다고 한다.

12월 4일에 광시성 구이린桂林으로 이동하여 육해군 대원수로서 대본영을 설치한 쑨원은, 14년 전 이곳 전난관에서 꿈꾼 북벌에 의한 전국 통일을 이번에야말로 자신의 손으로 실현하고 이른바 신해혁명을 재건하여 중화민국을 재생시키자는 결심을 했으리라.

또한 12월 23일에 구이린을 방문한 코민테른Comintern 대표인 마링H. S. Maring과 회담했을 때, 쑨원은 "마르크스주의에는 아무런 새로운 것이 없고, 모두 중국의 경전이나 학설이 2,000년 전에 주장한 내용이다"라고 말했다. 신해혁명 직후에 마르크스주의를 포함한 다양한 사회주의 사상을 이미 민생주의 사상에 포섭했다고 자부한 쑨원과 달리, 청년 지식인들에게는 1915년경부터 신문화운동 즉, 전통문화 비판과 서양사상 수용의 일환으로서 일본이나 미국의 사회주의 문헌을 통해 마르크스주의 사상이 전파되고 있었다. 후한민, 펑쯔유, 다이지타오戴季陶와 같은 쑨원의 충실한 문제門弟들도 신문화운동 속에서 사회주의 사상을 소개하는 데 가담하였고, 또한 민생주의 사상에 대한 포섭을 꾀했다.

그리고 중국 각지에 공산주의자 단체가 출현하여 러시아 공산당과 코민테른의 공작을 통해 1920년 2월에 중국공산당이 성립하고, 이듬해 7월 23일부터 상하이에서 제1차 전국대표회의를 개최했다. 쑨원은 러시아혁명의 정치적 성공에는 주목하면서도 마르크스주의 사상에는 부정적이었으며, 마링에 대해서도 "중국에는 하나의 사상적 계보가 있는데 요堯, 순舜, 우禹, 탕湯, 무武, 주공周公(고대 성인군자), 공자孔子로 끊임없이 이어져 내려왔다. 나의 사상적 기초는 그야말로 이 계보를 계승하고 발전시킨 것이다"라고 말했다고 한다. 청년 지식인들에게 침투하던 사상을 새로운 '이교異教'로 간주하고, 자기를 전통 쪽에 놓고 우위에 서려 한 것은 과거에는 장밋빛 미래를 설파하며 젊은이를 매료시킨 예언자라 해도, 결국 초로의 영역에 들어서면 보수화하는 것을 보여주는 대목일까.

그러나 한편으로 쑨원은 베를린에 부하를 파견하여 제 1차 세계대전 당시 대중국 공작에도 관여한 전 중국 주재 공사이자 전 외무대신인 파울 폰 힌체Paul von Hintze와 접촉하게 하여, 중·독·소 3국 연맹을 모색했다고 한다. 이 것은 광저우 정부를 배제한 워싱턴회의의 결과, 미국과 영국, 일본 등이 9개국 조약을 맺은 이른바 워싱턴 체제에서 독일과 소비에트 러시아도 배제되었기에 이들이 쑨원과 연계를 맺을 것이라 기대했기 때문이리라.

쑨원의 '수'와 천중밍의 '방'의 미묘한 균형은 중국 국민당의 조직 확대에도 반영되었다. 광둥지부는 성내 약 60개 현에 하부조직인 분부分部를 설치했는데, 당초에는 분부장으로서 혁명운동 이력이 긴 인물이나 구 중화혁명당원이 많이 임명되었지만, 점차 각 현에서 투표를 치르거나 성장의 임명을 거쳐 선출된 현장에게 분부장도 겸임시키는 사례가 늘어간다. 즉 당 조직 자체가 사회적 상승의 자원이 된 것이 아니라, 천중밍의 권력 확립과 표리일체를 이루면서 현지 유력자에게 의존하여 이른바 위에서 아래로 향하는 '책봉식' 침투 방식을 취한 것이다.

그동안 중국 국민당은 약 4만 명을 새로이 입당시켰으나, 대부분은 선원을 중심으로 한 노동자였다. 그 배경을 이룬 것은 앞서 말한 노동단체의 발흥이었다. 당원인 천빙성陳炳生을 중심으로 홍콩의 선원이 1922년 1월 13일에 대우 개선을 요구하며 일으킨 파업은, 광둥지부 선전과장인 셰잉보謝英伯가 조직한 노동단체나 정식 정부, 광둥성 정부, 광저우시 정청의 지원을 얻어 각 업종의 노동자를 동원한 전면적 파업으로 발전하여 약 2개월 후에 15~30%의 승급을 실현했다. 이것은 주장강 삼각주에서 하층 민중의 대중운동이 중국 국민당의 세력 기반이 되기 시작했다는 사실을 나타낸다.

이러한 광둥 지역사회에서의 중국 국민당의 조직 확대도 천중밍은 자신이 추진하는 성 자치와 양립하지 않는 것으로 인식했는지도 모른다. 앞서 말한 대로 쑨원은 천중밍과의 모순을 해결하기 위해 광둥성에서의 퇴출을 결의했지만, 그것을 위한 북벌 자체가 광둥성 정부의 후방 지원을 필요로 했다. 쑨원은 즈리파가 장악한 베이징 정부를 타도하기 위해 안후이파, 펑톈파와 반反즈리 삼각동맹을 형성했지만, 계속하여 북벌에 반대한 천중밍은 즈리파와의 화해로 기울어져, 쑨원은 4월 20일에 천중밍의 내무 총장, 광둥성장, 광둥군 총사령 직위를 해임한다.

파탄

베이징 정부에서는 6월 2일 즈리파의 압력을 받아 대총통 쉬스창이 사임하고, 6월 11일에 뤼위안훙이 후임으로 옹립되어 5년 만에 복직하자 과거 '복벽' 시 자신이 발령했던 국회 해산 명령을 취소하여 구舊국회가 베이징에서 부활했다. 이것은 광저우의 국회 비상회의가 베이징 정부에 합류하여 쑨원이 대총통이라는 법적 정통성을 빼앗기는 것을 의미한다. 결국 쑨원은 북벌로써 스스로 전국 정권을 확립하지 않으면 지위와 권력을 잃을 처지에 내몰린 것이다.

그리고 결국 '수'와 '방'의 균형이 깨짐에 따라 쑨원의 구상이 파탄하는 시기가 도래했다. 그는 광둥성 사오관韶関으로 이전한 대본영에서 후방을 장악하기 위해 광저우로

천중밍군이 반란을 일으키자 쑨원은 이 영풍함永豊艦에 올라타 반격을 시도했다(샤오밍황邵銘煌 편『쑨중산 선생과 장제스 선생孫中山先生與蔣中正先生』, 근대중국출판사近代中國出版社, 1994년)

되돌아왔지만, 6월 16일에 천중밍이 휘하의 부대를 동원해 총통부를 습격한 것이다. 쑨원은 주장강에 떠 있던 군함으로 피신하여 장시성 남부까지 진군한 북벌군이 광저우를 탈환하기를 기다렸다. 쑨원을 따르던 함대가 지상의 반란군과 포격을 주고받을 때, 그는 스스로 갑판에서 포수에게 조준을 지시하고 부상자를 선실에 옮겨 치료했다고 한다. 쉰여섯을 목전에 두고 쑨원은 마흔하나에 같은 일을 경험한 전난관 봉기를 떠올리며 또다시 북벌에 의한 전국 통일이라는 자신의 꿈이 무너지리라는 것을 예감하지 않았을까. 한편 6월 23일에 우팅팡이 급사한 것은 이러한 사태에 낙담했기 때문이라고 한다.

결국 북벌군은 천중밍군에게 격퇴되어 8월 9일에 쑨원은 광저우를 떠나 홍콩을 거쳐 상하이로 향했다. 이로써 정식 정부뿐 아니라 광둥성 내의 중국 국민당 조직도 붕괴했고, 다시 광둥성이라는 교두보를 잃은 쑨원은 떠돌이 처지로 돌아가게 되었다.

2 중국 국민당 개조

연소용공(聯蘇容共)

후세의 시점에서 보면 천중밍의 반란은 실로 운명적이었다. 그것이야말로 쑨원이 '연소용공'이라는, 어떤 의미에서 오늘날 중국을 형성하는 원천이 된 노선을 선택하게 된 직접적 원인이기 때문이다. 이때, 교두보의 탈환과 혁명운동의 재개를 서두르는 쑨원 앞에 그야말로 '버리는 신이 있으면 구해주는 신도 있다捨てる神あれば拾う神あり(일본 속담-역자 주)'는 듯이, 이상적인 지원자 소비에트 러시아와 코민테른이 나타난다. 하지만 동시에 그것은 쑨원의 혁명운동 사상과 조직의 양면에 침투해 내부를 변질시키려는 존재이기도 했다.

코민테른은 중국 공산당에 중국 국민당과의 합작(협력)

을 지시했는데, 1922년 8월 하순에 마링과 중국 공산당 후
보 중앙집행위원인 리다지오李大釗가 상하이로 돌아간 쑨
원과 회담한 결과, 중국 국민당이 중국 공산당원을 개인
으로서 가입시키고, 소비에트 러시아와 코민테른의 지원
을 받는 '연소용공' 방침이 결정되었다. 9월 6일에 쑨원은
당 조직을 재구성하기 위해 중국 공산당 위원장인 천두슈
陳独秀를 포함한 9명을 개진改進방략 기초위원으로 지명했
다. 그리하여 이듬해 1월 1일에 '중국 국민당 선언', '중국
국민당 당강黨綱'이 발표되었는데, 이미 '연소용공'의 영향
을 받아 삼민주의의 해설에 기존과는 미묘하게 다른 견해
가 포함되었다.

　민주주의에 대해서는 중국 내의 각 민족 간 단결에 의한
중화민족의 형성을 제안하며, 비한족의 동화가 아니라 민
족 간 평등을 주장했다. 나아가 열강과의 불평등 조약의
개정도 주장했다. 민권주의에 대해서는 인민에 의한 '파
관권', '창제권', '복결권'의 직접 행사에 더해, 보통선거 제
도의 실시를 주창하며 '자산을 기준으로 하는 계급선거'를
비판한다. 민생주의에 대해서는 노동자가 경영에 참가해
야 한다고 주장했다.

쑨원과 요페의 공동성명

　다음 날 중국 국민당 개진대회에서 연설한 쑨원은, 호법운동의 중심이었던 '정치활동'과 '군사활동', 즉 국회의원과 군사 지도자에 대한 의존에서 벗어나 선전을 중심으로 하는 '당무활동'을 통해 독자적인 세력 기반을 마련해야 한다고 주장했다. 베이징에서는 1922년 8월 1일에 구舊국회가 회복되어 중국 국민당원인 의원도 참가했다. 또한 화남 각 성에서는 각지에 산재하는 북벌군이 광둥성을 탈환할 기회를 노리고 있다. 하지만 천중밍의 반란과 '연소용공'의 노선 채용을 거치며 쑨원은 '부지불각'의 비당원을 '후지후각'의 당원으로 전환함으로써 교두보인 지역사회에 자신의 지도력을 침투시켜야 한다고 자각한 듯하다.

　그러나 역시 혁명운동을 재개하기 위해서는 우선 군사력에 의한 교두보 확보가 필요했다. 쑨원은 푸젠성으로 퇴각한 쉬충즈 휘하의 북벌군에 광둥성을 반격할 것을 명령했다. 또한 광시성에 주둔하는 일부 윈난군과 광시군에 동원공작을 추진하여 1월 15일에 광저우 탈환에 성공한다. 쑨원은 드디어 실질적인 지원조건을 정하기 위해 상하이를 방문한 소비에트 러시아의 중국 주재 특명 전권대표인 아돌프 요페Adolph Joffe와 회담하여 1월 26일에 공동 성명을 발표했다.

우선 제1조에서는 "공산주의적 질서 혹은 소비에트 제도조차도 실제로 중국에 도입할 수는 없다"는 쑨원의 견해를 요페도 "완전히 공유"했을 뿐 아니라, 중국 혁명의 가장 중요하고 긴급한 과제가 마르크스주의가 말하는 계급 투쟁이 아니라는 점을 인정한 후에, 그것에 대한 러시아의 지원을 약속한다. 그리고 제2조에서는 "제정 러시아가 중국에 강제한 모든 조약과 착취를 러시아가 포기하는 것을 기본 원칙으로서" 인정했다. 이것은 1919년의 제1차 카라한 선언Karakhan Declaration에서 맺은 불평등 조약의 철폐와 중국 권익의 무조건 반환이라는 방침을 재확인한 것이다. 파리강화회의에서의 권익 회수 실패에 충격을 받은 중국 여론은 이 선언을 반겼다.

하지만 과거 청조가 제정 러시아에 부설·관리에 대한 권리를 인정하고, 1920년의 제2차 카라한 선언에서 미뤄둔 동북부 중동철도中東鐵道에 관해, 제3조에서 쑨원은 "현재 직면한 해당 철도 관리에 대해서는 잠정 협정이 바람직하다. (중략) 쌍방의 진정한 권리와 특수 권익은 손상되어

서는 안 된다"며 현
상 유지를 인정했다.
또한 1921년에 소비
에트 러시아가 외몽
골에 파병하여 몽골
인민정부와 수호조
약을 체결한 것에 대

열병하는 쑨원(전게『국부혁명사획』)

해, 제4조에서 요페가 "외몽골에서 제국주의 정책을 수행
하거나 중국으로부터의 분리를 초래할 의도나 목적은 없
으며, 또한 앞으로도 없을 것이라고 단언"했으나, 여기에
대해서도 쑨원은 "러시아군이 외몽골에서 즉시 철수하는
것이 필수적이라고도, 진정 중국에 유익하다고도 생각하
지 않는다"며 역시 현 상황을 추인한다.

　종합적으로 중국 국민당의 사상적 독자성과 자율성은
요페가 쑨원에게 양보한 것에서 확인할 수 있었다. 하지
만 쑨원은 장기적, 추상적 원칙으로서는 소비에트 러시아
에 의한 권익의 포기와 중국 영유권 보장을 전제로 내걸
면서도 단기적, 구체적 조치로서는 소비에트 러시아에 의
한 기득 권익의 유지를 승인했다. 성명 발표 다음 날 요페

는 랴오중카이와 함께 일본으로 건너가 중국 국민당에 대한 지원 내용과 방법에 대해 협의하고, 5월 1일에 쑨원에게 200만 루블을 제공하겠다고 말한다.

억압받은 자의 친구인가 적인가

쑨원은 2월 21일에 광저우로 돌아갔지만, 이미 국회 비상회의는 존재하지 않았고, 정식 징부는 물론 군 정부조차 회복할 법적 근거가 없었다. 쑨원은 3월 2일 육해군 대원수를 재건하여 사실상 정부로 삼았다. 그리고 군정, 내정, 재정, 건설, 외교 각 부장과 광둥성장, 광저우시장 등에 대부분 중국 국민당원을 임명한 후에야 그는 겨우 자신에게 충실한 당원들로 중앙·지방정부를 조직할 수 있었다. 또한 4월 1일에는 중국 국민당의 광둥지부를 재개했고, 나아가 성내 각 현에도 서서히 분부를 설치했다.

머지않아 광둥성 동부로 퇴각했던 천중밍군이 반격을 개시하자 쑨원은 다시 전선으로 향한다. 베이징에서는 펑궈장을 대신하여 즈리파의 수령이 된 차오쿤曹錕이 한 사람당 5,000위안을 주고 국회의원을 매수하여 자신을 대총통으로 선출하게 하고('뇌물선거') 신헌법을 제정한다. 쑨원은 10월 8일에 대원수 명의로 차오쿤을 토벌할 것을 명했는데, 펑톈파의 장쭤린과 안후이파의 돤치루이에게도 타전하여 같은 행동을 촉구한다. 한편 8월에 쑨원은 '쑨이셴孫逸仙(이셴은 쑨원의 자-역자 주) 박사 대표단'을 시찰 목적으로 러시아로 파견했다. 이때 단장으로 선출된 사람은 일본 육군 유학 경험이 있던, 훗날 중국 국민당의 최고지도자 지위에 오르는 장제스蔣介石였다. 그리고 10월 6일에는 코민테른 대표인 미하일 보로딘Mikhail Borodin이 광저우에 도착한다.

이렇게 소비에트 러시아라는 새로운 친구를 얻는 한편, 쑨원은 오래 함께해온 친구도 잊지 않았다. 11월 16일 혁명운동 초기부터 여러 번 지원을 받았으며 체신장관으로서 정권에 처음으로 본격 참여한 이누카이 쓰요시에게 서한으로 자신의 포부를 전하며 지지를 호소한 것이다.

쑨원은 '유럽=억압자, 아시아=피억압자'라는 대립 도식을 설정하고, 대두한 일본을 당초 "지나 4억 명의 인민과 아시아 각 민족"은 "아시아의 구세주라고 간주했"으나, "일본에는 원대한 뜻도 고상한 책策도 없이 그저 유럽의 침략적 수단을 흉내 내기만 하여 결국에는 고려(조선)를 병탄呑하는 행동을 취했기에 아시아 전역의 민심을 잃게 되었다"고 말한다. 나아가 "열강을 추종"하여 베이징 정부를 지지하고 중국 혁명에 반대했기에 일본은 "중국 및 아시아 각 민족의 실망을 품게 되었다"고 지적한다.

제1차 세계대전을 거쳐 "인류가 억압받는 부분을 모두 크게 각성하고, 일제히 일어서서 강권에 저항"하고 있으며 그중에서도 "억압받는 인류는 아시아에 가상 많"고, "분명 일어서서 유럽의 강권에 저항할 것이다"라고 말한다. 따라서 다음 전쟁은 "황인종과 백인종의 전쟁"도, "유럽과 아시아의 전쟁"도 아닌 "공리와 강권의 전쟁이 될 것"이라고 예측한다. 그리고 아마도 앞서 말한 중·독·소 삼국연맹 구상에 기반하여 유럽에서는 독일과 러시아, 아시아에서는 인도와 중국이 "억압받은 자의 중심"이고, 어느 경우에서나 영국과 프랑스가 "횡포한 자의 주력"이며, 미국은 "분명 억압받은 자의 편이 되어야 한다"고 단언한 후에 "오직 일본만이 미지수인데, 억압받은 자의 친구가 될 것인가, 아니면 억압받은 자의 적이 될 것인가"라고 물으며 두 가지를 제안한다.

첫째, "일본의 (메이지) 유신은 지나의 혁명의 원인, 지나의 혁명은 일본 유신의 결과이며, 본래는 양자가 일련의 것으로서 동아시아 부흥을 이룩하는 것입니다"라고 말하며 "일본 정부는 현재 단호하고 결연히 지나 혁명의 성공을 도와 (중국이) 대내적으로는 통일하고 대외적으로는 독립하여 열강의 속박을 단숨에 타파할 수 있도록 해야 합니다"라고 호소했다. 또한 이러한 그의 아시아주의적 주장에는 "지나의 혁명이 일단 성공하면 안남(베트남), 미얀마, 네팔, 부탄 등의 나라는 분명 또 귀순하여 중국의 번속이 된다"는 대大중화주의와 "인도, 아프가니스탄, 아랍, 말라야 등의 민족은 분명 지나를 모방하여 유럽(의 지배)으로부터 떠나 독립할 것입니다"라는 반제국주의가 혼재한다.

둘째로 "지나치게 소심하게 열강과 보조를 맞출" 필요 없이 "일본은 솔선하여 (소비에트) 러시아 정부를 승인해야 한다"고 주장하며, 주의와 사상의 상이성에 관해서는 "소비에트주의는 대체로 공자의 말씀과 같습니다"라고 말하며, 공산주의를 유교적 이상국가론으로 치환한다. 즉, 소비에트 러시아를 '아시아=피억압자'로서 묘사하며 "일본은 공자를 존숭尊崇하는 나라이므로 이것을 솔선하여 환영하고 열국에 선전해야 합니다. 그것이야말로 동양 문명의 국가라 할 수 있을 것입니다"라고 '연소聯蘇' 노선에 대한 동조를 촉구했다.

그리고 "호놀룰루(의 군항)의 배치나 싱가포르(의 군항)의 설비는 대체 누구를 목표로 하는 것인가요?"라고 미국, 영국에 대한 경계를 환기하며 "이상 두 가지 방책은 실로 일본인의 국위를 선양하고 세계를 좌우하는 원대한 구상입니다. 바로 여기에 흥망성쇠가 달려 있습니다"라고 호소한다. 이것은 쑨원의 만년의 국제 전략을 집약적으로 나타낸 것이라 해도 좋다. 즉, 미국과 영국이 일본의 독주를 견제하면서 베이징 정부를 지지하고 열강이 중국의 권익을 나눠가진 워싱턴 체제하에서, 쑨원이 이 같은 체제에서 배제된 소비에트 러시아와 독일의 원조를 얻음과 동시에 일본도 자기 진영으로 끌어들이려는 구상이다. 즉, 아시아주의를 반제국주의로 치환함으로써 그것을 정당화한 것이다.

앞서 말한 요페의 일본 방문은, 워싱턴 체제하에서 중국 및 소비에트 러시아와의 삼각동맹에 의해 미국에 대한 대항을 구상한 고토 신페이後藤新平의 초대해 의한 것이었

다. 하지만 외무성 주류파는 소비에트 정권의 승인에 관하여 열국과의 협조를 중시하여, 국교 수립을 위한 예비교섭이 7월에 결렬되었다. 그리고 섭정궁摄政宫이 저격당한 도라노몬 사건虎ノ門事件에 의해 이듬해 1924년 1월 7일에 내각이 총사임했기에 이누카이가 쑨원이 보낸 이 서한에 답변하는 일은 일어나지 않았다.

당 조직의 제도화

이렇게 쑨원에게 '연소용공' 노선이 지니는 중요성이 상대적으로 고조되는 가운데, 중국 혁명운동의 성질이 크게 변화하고 있었다. 즉, 쑨원은 1923년의 개진보다도 철저한 중국 국민당 개조에 착수한다. 이것은 단적으로 말하면 중화혁명당 시기부터 쑨원 개인의 카리스마에 의존해온 영수독재형 조직을 특정 인격에게 의존하지 않는 제도화된 조직으로 전환하고자 한 시도인데, 장기적으로는 노년에 접어들었던 쑨원이 죽은 다음에도 중국 국민당이 존속하기 위해서 절대 피할 수 없는 조치였다. 하지만 러시아 공산당의 조직 원리를 채용한 것은 중국 혁명의 수단뿐 아니라 목적에도 미묘한 영향을 끼치게 된다.

　1923년 10월 25일에 쑨원은 개조 특별회의를 소집하여 후한민, 랴오중카이와 중국 공산당 중앙집행위원인 탄핑산譚平山 등 9명을 임시 중앙집행위원, 왕징웨이와 리다지오 등 5명을 후보위원으로 임명하고 보로딘을 고문으로 세웠으며, 12월 7일에는 상하이본부의 해제를 지시했다. 임시 중앙집행위원회는 개조의 시험대로서 광저우를 선택하고, 11월 상순에 당원 재등록을 실시한 후, 이듬해에 걸쳐 시내에 다수의 기층조직을 구축해간다.

　1924년 1월 20일부터 30일까지 광저우에 24성구와 5특별구(광저우, 상하이, 베이징 등), 그리고 해외 조직 등의 대표적인 200명이 모인 가운데 중국 국민당 제1차 전국대표대회가 개최되었다. 22일에 제출된 '중국 국민당 장정' 초안은 랴오중카이, 왕징웨이, 다이지타오, 탄핑산과 중국 공산당 중앙집행위원인 마오쩌둥 등에 의한 심사를 거쳐 28일에 '장정'을 '총장'으로 바꾸어 대회를 통과한다. 이 총장은 위원회제, 민주집중제나 당외 단체에 당 세포를 설치한다는 러시아 공산당의 조직 원리를 채용하고 동시에 중화혁명당 이래의 영수독재 원칙도 유지한 것이다.

즉, 중앙(최고) 당부-성 당부-현 당부-구 당부-구 분부라는 5층에 서, 하급 당부의 대표가 참가하는 대표대회(혹은 전

중국 국민당 제1차 전국대표대회(전게 『쑨중산』)

당원이 참가하는 당원대회)가 각각 상급 당부의 집행·감찰위원회를 선출하는, 아래에서 위로 향하는 '승진'식 조직 구축이 규정되었다. 이것은 앞서 말한 것처럼 중국 국민당이 취해온 위에서 아래로 향하는 '책봉'식 조직 구축과는 달리 당내 정치 참여의 방법이 제도화한 것이다. 단 하급 당부의 성립 자체가 상급 당부의 승인을 필요로 하듯, 위에서 아래로 철저한 지도가 이루어져야 한다는 것도 명확히 규정되었다. 또한 지역 대표제에 더해 직능 대표제도 채용되어 정부기관, 노동조합, 상업단체, 학교 등에 당단黨團을 조직하게 되었다. 이렇게 중국 국민당은 다양한 지역, 계층, 집단에 침투하여 중국 사회 내부에 세력 기반 확보를 꾀한다.

이처럼 당 조직 구축·운영의 제도화를 추진하는 한편, "본당은 삼민주의, 오권헌법을 창출·추진하시는 쑨원 선생을 총리로 삼는다", "당원은 총리의 지도에 따라 주의의 추진을 위해 노력해야 한다"는 쑨원의 초월적 지위가 규정된다. 즉 총리가 전국대표대회, 중앙집행위원회의 의장으로서 전자의 의결에 대한 재심의 제기권과 후자의 의결에 대한 최종 결정권을 가지게 된 것이다. 이것은 중국 국민당이 쑨원 개인의 카리스마에 의존하는 현 상황과 장래 조직 운영을 제도화할 필요를 양립하기 위한 조치인데, 그 결과로서 쑨원 개인과 당 조직 사이에 괴리가 발생하는 계기가 되기도 했다.

중국 국민당 제1차 전국대표대회 선언

대회 마지막 날인 1월 30일에는 24명의 중앙집행위원과 17명의 후보위원(41명 중 10명은 중국 공산당원), 5명의 중앙감찰위원과 5명의 후보위원이 선출되었고, 당의 정치강령을 표명한 '중국 국민당 제1차 전국대표대회 선언'이 가결되었다. 이 문헌은 쑨원의 지시를 받은 보로딘에 의해 기초안이 작성되었으며 랴오중카이, 후한민, 왕징웨이 등이 중심이 되어 심사를 거친 후, 마지막으로 쑨원의 인가를 얻어 대회 첫날인 1월 20일에 제출되었다. 후한민, 다이지타오, 리다지오 등이 심사위원으로 선출되어 여러 번 수정을 가했다. 이렇게 기초·수정 과정에서 보로딘이나 중국 공산당원이 상당 정도로 참가·관여했기에, 이 선언에는 중국 사회의 계급 분석과 같은 기존의 쑨원에게는 희박했던 관념이 포함되었고, 그것은 삼민주의 해설에도 나타난다.

민주주의로서는 첫째로 군벌과 자본가의 방패막이인 제국주의 열강에 대한 "국내 각 평민 단계의 조직"에 의한 "민족 해방의 투쟁"을, 둘째로 국내 모든 민족의 자결권의 승인에 의해 중화민국을 "각 민족이 자유롭게 연합한" 국가로 만드는 것을 주장한다. 민권주의로서는 몇 해 전부터 주장해온 오권분립과 직접민권을 주창하면서, 이것들을 각국에서 대의정치와 선거제도가 "자본가 계급에 독점되어 평민을 압박하는 도구가 되어 있다"는 것에 대한 대책으로 파악하고, 또한 "천부인권"을 부정하고 "제국주의나 군벌에 충성을 다하는 자"는 자유와 권리를 향수할 수 없다고 말한다. 민생주의로서는 기존의 "지권을 평균한다", "자본을 절제한다"에 더해 노동자, 농민에 대한 지원과 혁명운동에 대한 동원을 주장한다.

이러한 '연소용공' 노선의 영향에 대해서는 일부 고참 당원 사이에서 경계와 저항이 뿌리 깊어서, 일찍이도 전년 11월 29일에는 중국동맹회 이후의 화교 출신 당원 11명이 쑨원에게 상서를 제출하여 열강 비판은 해외 화교에는 불리하다는 것과 코민테른 및 중국 공산당에 중국 국민딩이 이용당할 위험성을 지적했다. 이 대회에서도 쑨원은 사회주의와 공산주의가 민생주의에 포섭될 것이라고 주장하며 비판을 잠재우려 했지만, 당내 균열이 완전히 회복되지는 못하였다. 대회 종료 후인 6월 18일에는 역시 중앙감찰위원 중고참 당원 세 명이 분파 활동을 이유로 중국 공산당 탄핵안을 총리 쑨원과 중앙집행위원회에 제출했다.

'삼민주의' 강연

이처럼 제1차 대표대회 때는 보로딘을 통한 코민테른의 영향이 강해졌다. 이것에 비하여 쑨원 자신의 사상이 명확하게 표현된 것은 1월 27일부터 8월 24일에 걸쳐 그가 단속적으로 행한 총 16회에 걸친 '삼민주의' 강연이다. 이것은 쑨원 사상을 최종적으로 집대성한 것인데, 그 내용에는 앞서 말한 '중국 국민당 제1차 전국대표대회 선언'과 적지 않은 차이점이 있다.

민족주의에 대해서는 역시 제국주의 열강을 주요 비판 대상으로 삼아 중국의 독립과 통일이 위협받고 있는 현 상황을 호소했는데, 그것에는 대大한족주의나 대大중화주의가 혼재되어 있다. 즉, "중국은 진·한秦·漢 이래, 계속 하나의 민족으로 하나의 국가를 형성했으며" 몽골인, 만주인, 티베트인, 무슬림인 돌궐(터키)인 등 '외래 인종'은 1,000만 명에 지나지 않으며, "대다수에 대해 말한다면, 4억 명의 중국인은 완전히 한인이라 할 수 있다"고 파악한다.

그러나 "중국인은 가족과 종족의 단체가 있을 뿐 민족정신이 없기" 때문에 "흩어지는 모래알" 같고 열강의 인구, 정치, 경제력이라는 세 종류의 압박을 받아, 중국은 특정국의 식민지보다 지위가 낮은 "차식민지" 즉, 열강이 공유하는 식민지로 전락했다고 말한다. 그리고 만주왕조의 지배하에서 잃어버린 고유의 도덕과 지식을 회복하고, 또한 외국의 과학을 흡수함으로써 "과거 우리의 선조가 세계 유일한 강국이었던 것처럼, 중국을 제1등 지위로 올리고", 나아가 "약소민족에 대해서는 원조하고 세계열강에 대해서는 저항"해야 한다고 주창한 것이다.

민권주의에 관해서는 자유와 평등이 천부의 권리라는 것을 부정했다. 나아가 차오쿤의 '뇌물선거'를 하나의 이유로 들며 대의정 체제의 폐해가 구미뿐 아니라 중국에서도 나타나고 있다면서, 그것을 극복하기 위한 직접민권에 의한 '전민全民정치'를 주장했다. 거기에는 단선적, 보편적인 인류사의 발전 과정을 전제로 한, 20년간 그가 지향해온 '근대의 초극'에 더해, 중국 사회의 독자성을 근거로 구미와 다른 체제를 구상하는 일종의 문화상대주의도 엿보인다.

즉, "약 2,000년 전에 공자와 맹자가 민권을 주장하였"으며, "세계의 조류는 민권시대에 이르러 있"기 때문에, 중국에서도 구미와 마찬가지로 민권을 주창해야 한다는 것이다. 그러나 중국인은 '흩어지는 모래알'에 비유되는 것처럼, 유럽인보다도 자유를 향수하고 있으므로, 중국 혁명의 목적은 개인의 자유가 아니라 국가, 민족이 제국주의로부터 자유로워지는 것이라고 말한다. 그리고 '부지불각'의 인민이 가지는 '권(정권)'과 '선지선각' 및 '후지후각'의 정부가 지니는 '능(치권)'을 분리하여 선거, 파면, 창제, 복결復決 등 4권을 지니는 자가 행정, 입법, 사법, 고시, 감찰 등 5권을 지니는 후자를 관리하는 것이 대의정치 체제를 능가하는 '전민정치'라고 주장한다.

여기에서 그는 인류의 세 가지 유형을 혁명의 수단인 전위당의 시한독재가 아니라 혁명의 목적인 권능 분리의 설명으로 활용하는데, 이것은 인민 멸시의 독재 지향으로도 해석할 수 있다. 이 논리는 분명 민주집중제와 친화성이 있으며, 또한 『쑨원학설』에서 주창한 '부지불각'에서 '후지후각'으로의 통시적 진화는 언급하지 않고, 오로지 공시적 분업을 이야기하는 것은 지배·피지배 관계의 고정화를 의미할 수 있다. 하지만 세 유형은 주로 전문적 지식의 유무를 기준으로 하는 것으로서, 또한 구미의 정치체제에 대한 회의를 강화하면서도, 직접민권의 의의를 강조한 것은 대의정치 체제를 부정하는 것보다 보완하기 위함이리라. 민권주의를 둘러싸고 야누스 쑨원이 도달한 결론은 역시 양의적이었다.

민생주의에 대해서는 마르크스를 '과학파' 사회주의 대

표로서 평가하면서, 계급투쟁론이나 잉여가치설을 비판하고 "역사의 중심은 민생이며, 물질이 아니다"라고 주장한다. 그리고 "공산주의가 민생주의의 좋은 벗"이라는 것을 이유로, 국공 양당 간의 반목을 간諫하면서도 불평등보다 빈곤에 허덕이는 중국에서는 "마르크스의 계급전쟁과 프롤레타리아 독재는 불필요하다"고 하며, 기존의 주장인 '지권을 평균한다', '자본을 절제한다'를 들어 외자 도입을 주창한다.

종합해보면, '삼민주의' 강연은 근대 서양에도 뒤지지 않는 문화 전통을 지니는 '중국 민족(≒한인漢人)'이 구미와는 다른 독자적 정치·경제체제를 구축하고, 세계 최강·최첨단 국가를 건설함에 따라 열강의 지배에 도전하여 새로운 세계 질서를 창출한다는, 어디까지나 장밋빛 미래상을 쑨원은 그린 것이다. 바꿔 말하면 이것이야말로 쉰일곱의 그가 꿈꾼 이상적 중화민국의 청사진, 즉 그의 생애를 바친 혁명운동의 도달 목표이며, '연소용공' 노선의 선택이나 중국 국민당의 개조조차도 그것을 위한 수단이었다 할 수 있으리라.

그것을 자신의 손으로 실현하기 위해 쑨원은 중국 국민

당 제1차 전국대표대회에서 대총통으로 선출되어 육해군 대원수 대본영을 대신해 정식 정부를 조직하기를 바랐다. 그 직접적 동기는 관세를 둘러싼 외교 교섭의 부진이었으나, 약 3년 전에 대총통으로의 취임을 강행한 집념을 이때도 그는 가지고 있었던 것이리라. 하지만 노년에 들어선 카리스마 넘치는 쑨원의 야망을 20년간 따르던 충실한 문제門弟들조차도 약간 불편하다고 생각한 것일까. 전국 정권을 수립할 조건이 정비되지 않았다는 판단하에 랴오중카이, 후한민, 왕징웨이 등과의 협의를 거쳐 보로딘이 쑨원을 설득하여 (그의 청사진을) 단념케 했다. 그 결과로서 하나의 문서가 등장한다. 그것이 1월 20일에 대회를 통과한 '국민정부를 조직할 필요'라는 의안에 첨부된 '국민정부 건국대강'이었다.

이 대강에서 쑨원은 삼단계 혁명론의 최종 형태를 제기했는데, 그 기술이 매우 다의적이고 적지 않은 모순을 포함하고 있다. 이는 건국대강을 작성하면서 당내에서 충분한 찬동과 협력을 얻지 못하고 다각적인 검토를 거치지 않았기 때문인지도 모른다. 대강에 따르면 '군정 시기'에는 "다양한 제도가 군정하에 놓인다. 정부는 한편으로 병력을 이용해 국내의 장애를 배제하고 한편으로 주의를 선언하여 전국의 인심을 개화시켜 국가의 통일을 촉진한다"며, 군사행동을 유리하게 추진할 수 있도록 선전활동 또한 동등하게 중시하게 되었다.

'훈정 시기'에는 현마다 인구·토지 조사와 경비, 도로행정을 추진하여 '그 인민으로 4권(선거, 파관, 창제, 복결)을 사용할 훈련을 받고, 국민의 의무를 완수하여, 혁명의 주의를 실행한다고 선서한 자가 현장縣長을 선출하여 현縣의 정치를 집행하게 할 수 있으며, 의원을 선출하여 한 현의 법률을 제정시킬 수 있다'고 돼 있다. 훈련의 내용이 구체적으로 직접민권의 행사라고 규정되어 있지만, 혁명에 대한 충성을 조건으로 정치 참여를 허락한다는 야누스적 양의성은 기존과 다름없었다.

'헌정 시기'에는 각 현에서 선출된 국민 대표가 성장省長을 선출하는 한편, 중앙정부는 행정, 입법, 사법, 고시, 감찰 등 5원院에 의해 5권權의 통치를 시행하고, 입법원이 헌법 초안을 심의·제정하여, 국민대회에서 헌법을 결정·공포한다고 규정했다. 그리고 "헌법이 공포되는 날이 헌정이 완성하는 시기"이며, "전국 국민이 헌법에 따라 전국 총선거를 행한다. 국민정부는 선거가 완료한 후 3개월 후에 사직하고 정권을 민선 정부에 이양하며, 이것을 건국의 대업의 완성으로 삼는다"고 말했다. 이후는 국민대회가 중앙의 정부 및 법률에 대한 선거권, 파면권, 창제권, 복결권을 갖는 것으로 정했다. 이처럼 '헌정 시기'는 도달해야 할 목표가 아니라 과도기의 최종 단계라고도 해석할 수 있는 애매함이 있다.

이들 변경점보다도 더욱 기묘한 것은 중앙(국민)정부와 국민대회의 성질이 규정되어 있지 않고, 무엇보다 중국 국민당에 대한 언급이 전혀 없다는 것이다. 혁명의 주체가 전위당이라는 것은 원래부터 자명하다고 생각했을지도 모르지만, 그렇다고 해도 중화혁명당 시기의 삼단계 혁명론과 비교하여, 또 '국민정부 건국대강'의 성립 과정을 고려하면 앞서 말한 쑨원 개인과 중국 국민당 조직과의 괴리가 여기에 나타나 있다고도 생각된다. 가까이에서 자신을 지지하는 세력 기반이 강화되어가는 것을 실감하면서도 쉰여덟을 앞둔 영수는 그 어떤 때보다 가장 고고孤高함을 느꼈던 것이 아닐까. 왜냐하면 이때 그에게 남은 시간은 별로 많지 않았기 때문이다.

3 공화국의 수도로

북벌 개시

중국 국민당은 '승진'식 방법으로 순조롭게 광둥 지역사회로 침투해갔다. 개조의 시험대가 된 광저우시에서는 대중운동의 주체였던 노동자, 학생과 집단 입당한 군인, 경관을 주체로 13개의 구 당부가 조직되었고, 그 위에 시 당부가 1924년 7월 6일에 성립한다. 성내 각 현에서도 연이어 당부가 성립되어 특히 중국 공산당원이 농민의 조직화를 적극적으로 추진했다. 7월 3일에는 광저우에서 농민운동 강습소가 개설되고 특파원을 양성한 후 각 현으로 파견하여 농민협회를 조직해 중국 국민당의 세력 기반으로 삼는 시도가 모색된 것이다.

그러나 20년에 걸친 농촌의 토지 문제에 대한 관심에도 불구하고 농민운동에 대한 쑨원의 자세는 명료함이 결여되어 있었다. 7월 28일에 광저우 근교 농민당원 1,000명을 모아 친목회에서 연설할 때 그는 "이것은 혁명당과 농민의 첫 대면입니다"라고 말하며, 지금까지 자신이 농민운동에 소극적이었다는 사실을 인정했다. 8월 21일의 농민운동 강습소 제1기 졸업식에서 한 연설에서도 농민 문제의 근본적 해결을 위해서는 '일구는 자가 논밭을 가지는 것', 즉 토지 소유제도의 변경이 필요하다고 주장하면서, 당장의 대책으로서는 기존의 '지권을 평균한다'와 비교해도 더 한층 온건한 선전과 조직화를 주장하는 데 그쳤다. 이것은 광둥성의 농촌에서는 자치·자위조직인 '민단'을 장악하는 지주층이 강하여, 급격한 토지 소유제도의 변화는 반발을 초래하는 것이 우려되었기 때문으로, 여기에서도 쑨원의 계급 조화 지향이 나타난다. 그리고 농민운동에 대한 대원수 대본영, 광둥성 정부의 지원도 억제된 수준에 그쳤다.

쑨원에게 있어서 '연소용공' 노선의 가장 직접적인 효과는 앞서 말한 소비에트 러시아의 자금 제공과 군사적 지원이었으리라. 중국 국민당은 광저우 교외의 주장강에 있는 작은 섬 황푸黃埔에 육군사관학교를 설립했다. 교장으로는 러시아 시찰에서 돌아온 장제스, 학교 주재 당대표로는 랴오중카이, 그리고 고문으로 소비에트 러시아에서 파견되어 와 있던 알렉산드르 체르파노프Alexander Cherepanov가 임명되었다. 개교식이 천중밍군의 반란으로부터 2주년인 6월 16일에 거행된 것은 드디어 독자적인 군 혁명을 편제했다는 쑨원의 감개를 나타내는 것이리라. 약 500명의 입학생은 광저우, 상하이에서 실시된 입학시험으로 선발되었다. 통칭 '황포군교黃埔軍校'라 불리는 이들 졸업생이 훗날 중국 국민당의 '당군'이자 국민혁명군의 중심이 되어 장제스의 측근 집단을 형성하게 된다.

이렇듯 광둥성을 교두보로 삼아 '당군'을 편제하고 2년 진에 좌절된 북벌을 재개하여 전국을 통일하려하는 것이 쑨원의 구상이었을 테지만, 다시금 그 교두보가 위협받게 된다. 이 무렵 광둥성의 동부와 서부는 천중밍파의 지배하에 있었으며, 또한 광저우시 주변에서도 쑨원이 동원한 윈난군, 광시군 등의 외성군이 각지를 점거하여 자의적인 과세와 불환지폐不換紙幣를 남발하고 나아가 대원수 대본영도

장제스(왼쪽)와 함께(전게 『쑨중산 선생과 장제스 선생』)

재정난으로 상인에게 과중한 세 부담을 강요했기에, 곧잘 영업 거부를 통한 저항이 발생했으며, 상인의 자위조직인 상단군商團軍과 외성군外省軍의 충돌도 빈발했다.

쑨원이 1924년 8월 성내 각지의 상단군 연합기관이 해외로부터 수입한 무기를 몰수하여 황포군교에 유치하도록 지시함에 따라 광저우 정권에 대해 강경한 자세를 취하게 된 상단 측은 영업 거부를 단행한다. 이때 광저우 주재 영국 총영사가 상단 측에 발포한다면 무력 교섭을 단행할 것이라고 정권 측에 전하자, 이것을 쑨원은 영국의 제국주의 정책이라며 강하게 비판했다. 그런데 직후에 쑨원에게 이 난국을 해결할 실마리를 제공하는 사건이 발생했다. 9월 3일에 안후이파와 즈리파의 전쟁이 발발한 것이다. 이것에 호응하기 위해 그는 곧바로 북벌 개시를 결단했다.

마지막 기회

9월 10일에 쑨원은 성명을 발표하여 "혁명은 전국 인민의 책임인데, 광둥인의 부담만 커진다면 그것은 광둥 인민의 불만을 초래할 수 있다"며, 상단 측에 대한 이해를 드러냈다. 그리고 "(1)최단기간 내에 각 군을 모두 동원하여 북벌을 실행한다 (2)광둥을 광둥 인민에게 맡겨서 자치를 실행시키고 광저우 시정청은 신속히 개조하여, 시장은 민선에 맡겨 전 성의 자치의 선도로 한다 (3)현재의 온갖 잡다한 세금은 모두 면제하고, 민선으로 선출된 관리가 별도로 세법을 정한다"며, 2년 전과 마찬가지로 광둥성에서 나감으로써 지역 유지와의 모순을 해결할 의도를 내비쳤다.

9월 13일에 쑨원은 후한민에게 대원수를 대행하게 하고 스스로 대본영을 광둥성 북부의 사오관으로 이전했다. 9월 15일에 펑톈파와 즈리파의 전쟁이 시작되자 9월 24일에 대원수로서 '건국대강 제정선언'을 앞서 기술한 '국민정부 건국대강'과 함께 공포했다. 이렇듯 그는 겨우 삼단계 혁명론의 제1단계로서 군정을 개시할 시발점에 섰는데, 2년 전과는 달리 훗날의 불안요소마저 돌발사건을 계기로 줄어든다. 10월 10일에 황포군교 학생과 농민, 노동자 등의 국경절 기념행진이 상단군과 충돌하자 15일에 정권 측이 무력으로 상단 측을 완전히 진압한 것이다(상단사건商團事件).

그러나 쑨원은 또다시 삼단계 혁명을 완수하지 못했다. 단, 이번에는 진행 중이던 북벌 전선에서 그 자신이 이탈

했다. 그 계기는 즈리파에 속하며 쑨원과 접촉하던 펑위
샹馮玉祥이 10월 23일에 반란을 일으켜 베이징을 점령하
고 대총통인 차오쿤을 감금한 후 휘하의 부대를 국민군國
民軍이라 칭한 것에서 시작되는, 이른바 '베이징정변'이다.
11월 2일에 차오쿤이 사임을 선언하고, 5일에 푸이가 고
궁에서 추방되었으며, 24일에는 돤치루이가 임시집정으
로 취임한다. 그동안 펑위샹이 돤치루이, 쑨원을 베이징
으로 초청하자 쑨원은 앞서 말한 반反즈리 삼각동맹에 기
초하여 10월 27일에 돤치루이, 펑위샹에게 북상 의사를
전하고 30일에 사오관에서 광저우로 돌아간 것이다.

중국 국민당과 중국 공산당의 일부 당원은 북상이 반즈
리파 군사 세력과의 타협으로 이어지는 것을 우려했지만,
결국은 베이징정변으로 발생한 권력의 공백을 틈타 북방
에서 영향력을 확대해야만 한다는 점에 합의했다. 쑨원이
부재중이었으므로 정무는 후한민, 당무는 랴오중카이에
게 맡겨졌다. 11월 4일에 광저우 대본영의 송별회에서 쑨
원은, 이번 북상에서 자신에게 '대권을 쥘' 의도는 없으며
목적은 '주의를 선언하고 단체를 조직하며 당무를 확충하
는' 것이라고 말했다.

하지만 나아가 쑨원은 빠르면 반 년, 늦어도 2년 안에 삼민주의와 오권헌법을 실현할 수 있다고 말한 것으로 보아, 역시 어떤 형태로든 신정권에 참여하기를 바란 것으로 보인다. 어쩌면 그는 13년 전 신해혁명 당시에 측근의 반대를 무릅쓰고 홍콩을 떠나 상하이, 난징으로 가서 임시대총통으로 취임한 것을 떠올렸는지도 모른다. 다만 이번 목적지는 혁명운동의 개시로부터 약 30년, '수'를 지향하는 그가 몇 빈이고 시도해도 장악하지 못했던 북방 약 2,000㎞에 위치하는 진정한 수도 베이징이었다. 우선 삼단계 혁명론은 뒤로 미뤄두고 중앙정계에 진출하여 미완의 혁명을 자신의 손으로 이룩하고자 한 것이다. 이것이 마지막 기회라는 사실을 그는 예감했던 것일까.

'대아시아주의' 연설

11월 10일 쑨원은 중국 국민당 총리 명의로 '북상 선언'을 발표하고, 제국주의와 결탁한 즈리파 '군벌'을 비판하며 불평등 조약 철폐를 주장함과 동시에 각계 단체와 안후이파, 펑톈파 등의 '우군'과 중국 국민당에 의한 국민회의의 개최를 제창했다. 비슷한 구상은 전년도에 중국 공산당의 천두슈에 의해 제기된 바 있지만, 지역 대표제를 대신하여 직능 대표제가 선택된 것은 '뇌물선거'에 의해 의회의 권위가 완전히 실추된 상태였던 데다가 기존의 단체나 세력을 기반으로 개최할 수 있다는 현실적 편의에 의한 것이기도 하다.

쑨원이 58세가 된 11월 12일 저녁, 광저우 시내에서 군, 학, 당, 노, 농 등 각계의 인물 2만 명에 의한, 북상을 환영하는 제등 행렬이 개최되었다. 광둥성 재정청의 누상에서 그는 '쑨 대원수 만세! 중화민국 만세!'라는 군중의 함성에 모자를 벗고 화답했다. 이것은 물론 당국에 의한 동원이었을 테지만, 약 30년에 걸쳐 혁명운동의 무대로 삼아온 이 화남 최대의 도시에서, 적어도 상인을 제외하면 광범위한 지지 기반을 얻었다는 사실을 이때 그는 실감하지 않았을까. 다음 날 쑨원은 광저우에 이별을 고하고, 왕징웨이 등을 따라 홍콩을 거쳐 북상의 길에 들어선다.

11월 17일 상하이에 도착한 쑨원은 톈진, 베이징으로 가기 전에 일본으로 향하여 나가사키를 거쳐 11월 24일에 고베에 상륙했다. 선편 관계라고 설명했지만 실제로는 일본의 지원을 받아 베이징 정부를 장악한 안후이파, 펑톈파, 국민군과의 교섭을 앞두고 자신도 일본의 협력을 얻기 위함이었던 듯하다. 그러나 즈리파를 지원해온 영국, 미국과의 관계를 고려하며 '연소용공' 노선을 경계하던 일본 정부는 쑨원의 방문을 실질적으로 거부했다.

한편 같은 해 이민법이 개정되어 일본인의 미국 이주가 금지되었기에, 일본 국내에서는 반미 감정의 고조와 반비례하여 아시아 지향이 강해졌고, 쑨원은 고베에서 열렬한 환영을 받는다. 그는 여러 차례에 걸친 회견과 강연을 통해 불평등 조약의 철폐를 주장했는데, 11월 28일에 고베 상업회의소가 주최한 강연회에서는 다이지타오를 통역으로 세워 '대大아시아주의'라는 제목으로 1년 전 이누카이에게 보낸 서한과 거의 같은 내용의 논지를 일본인에게 더욱 받아들여지기 쉬운 수사로 전달했다.

즉 그는 근대 일본의 대두를 아시아 부흥의 선구라고 칭찬하며, 황인종의 전통문화와 백인종의 근대 문화를 '왕도'와 '패도霸道'로 비교하며 일본인 청중의 자존심을 충족시키고, 같은 인종인 중국인에 대한 공감을 환기하려고 노력했다. 그러나 이것은 인종주의를 반제국주의로 교묘하게 환골탈태한 논법이며, 일본 제국주의에 대한 비판은 완전히 봉인하면서도 소비에트 러시아를 '동방'에 속하는 '왕도'국가라고 표현함으로써 자신의 '연소용공' 노선을 정당화하여 일본인에게도 찬동을 구한 것이다.

이러한 주장의 배경을 이룬 것은 앞서 말한 중·일·(독)·소의 삼(四)국 동맹 구상으로 보인다. 일본 정부의 거절은 예상한 바였을 테지만, 쑨원은 자신에게 동정적인 일본의 여론이 장기적으로는 정부에 외교정책의 변화를 촉구할 것을 기대했다. 11월 30일에 고베를 떠나 모지門司로 향하는 선상에서 그는 거듭 다짐하는 의미에서 다음과 같은 인상적인 구절을 연설 기록 말미에 추가했다고 한다.

당신들 일본 민족은 구미의 패도 문화를 받아들인 한편, 아시아의 왕도 문화의 본질도 가지고 있습니다. 앞으로의 세계 문화의 미래에 있어서, 결국 서방 패도의 앞잡이가 될 것인지, 아니면 동방 왕도의 방벽이 될 것인지는 당신들 일본 민족의 상세한 검토와 신중한 선택에 달려 있습니다.

병마

쑨원은 12월 4일 톈진에 도착하자마자 장쭤린과의 회담에 임했는데, 이날 밤에 간질환 발작이 덮쳐온다. 그는 젊을 때부터 술과 담배를 입에 대지 않았고, 일상생활은 위엄 있고 올바른 삶 그 자체였다. 그러나 지구를 몇 번이고 도는 통산 19년의 망명 생활을 포함한 약 30년의 혁명 생애 속에서 그의 육신은 조금씩 상해갔다. 40세경부터는 위통이라는 지병이 생겼고, 예순도 되지 않은 나이에 결국 병마가 불굴의 혁명가의 발목을 잡은 것이다.

쑨원이 12월 31일에 베이징으로 간 것은 자신의 건강 상태와 유동적인 정국에 의한 것이기도 하지만, 신해혁명 때와 마찬가지로 1월 1일을 수도에서 보내기를 바랐기 때문인지도 모른다. 오전 10시에 전용열차로 톈진을 출발하여 오후 4시에 베이징에 도착한 그를 3만 명이라고도 하고 10만 명이라고도 하는 군중이 환영했다. 그러나 그는 14년 전과 같은 화려함도 없이 차 안에서도 바닥에 엎드린 채 고통스럽게 베이징에 도착했고, 밤에는 숙박 중이던 베이징반점北京飯店에 의사를 불러 진찰을 받았다.

돤치루이는 12월 24일에 선후회의善後會議 조례를 공포하여 각지의 군사 지도자와 정치가, 지식인 등에 의한 협의기관 설치를 꾀했으나, 해가 바뀌고 1925년 1월 17일에 쑨원은 선후회의에 인민단체의 대표를 참가하게 하여, 최종 결정권은 국민회의에 맡겨야 한다고 돤치루이에게 주장했다. 그동안에도 쑨원의 병세는 나빠져 1월 26일에 수술을 한 결과, 말기 간암으로 회복이 어렵다는 사실이 판명된다. 그리고 쑨원의 제안을 거절한 돤치루이가 2월 1일에 선후회의를 소집했고, 다음 날 중국 국민당은 선후회의에 대한 불참가를 선언했다. 이로써 쑨원이 신정권에 참여할 가능성은 사라졌다.

못다 이룬 꿈과 함께

2월 24일 쑨원은 왕징웨이의 손으로 쓰인 '국사유촉國事遺囑(유언)'을 승인한다. 이것은 "나는 국민 혁명에 진력하기를 40년(혁명의 초지를 품은 청불전쟁부터 계산), 그 목적은 중국의 자유와 평등을 요구하는 것에 있었다"며, "현재 아직 혁명은 성공하지 못했다. 우리 동지는 모두 내가 쓴『건국방략』,『건국대강』,『삼민주의』,『제1차 전국대표대회 선언』에 따라 노력을 지속하여 완수를 기하라"고 말한다. 하지만 이 정치적 문서보다도 3월 11일에 말한 다음 말이야말로 그가 진심을 토로한 것이 아닐까.

이번에 내가 베이징으로 온 것은 지반을 포기함으로써 평화통일을 꾀하고, 국민회의에 의해 새로운 국가를 건설하여 삼민주의와 오권헌법을 실현하기 위해서였다. (중략) 십수 년에 걸쳐 국가를 위해 분주히 뛰어다니면서 품어온 주의를 결국 완전히는 실현하지 못했다. 동지 제군들이 고군분투하여 국민회의를 하루라도 빨리 성립케 하여 삼민(주의)과 오권(헌법)의 주장을 달성하기를 바란다. 그렇게 하면 나는 죽어서도 편히 눈을 감을 수 있을 것이다.

그리고 그는 앞서 말한 유촉에 스스로 서명하고는 이렇게 말했다고 한다. "내가 죽으면 난징의 쯔진紫金산 기슭에 묻어다오. 난징은 임시정부가 성립된 곳이며 신해혁명을 잊을 수는 없다. 유해는 과학적 방법으로 영원히 보존해다오". 자신의 우상화를 바랐다는 것은 불가해한 것이기도 하지만, 난징과 신해혁명에 대한 추억은 그의 솔직한

영면한 쑨원(전게『쑨중산』)

심정이었을 것이다.

다음 달 12일 오전 9시 30분, 쑨원은 영면에 든다. 자신의 손으로 창출한 공화국의 수도에서 미처 혁명의 완성을 보지 못하고 기력을 다한 것이다. 아마도 그는 중화민국을 자기 분신처럼 생각하며 중화민국을 삼민주의와 오권헌법을 통한 최첨단 국가로 만들기 위해 어떤 수단을 쓰더라도, 또 어떤 희생을 치르더라도 미완의 신해혁명을 자신의 손으로 완수하기를 숙원으로 삼았을 것이다. 그리고 이렇게 오랜 세월에 걸쳐 그를 움직인 것은 먼 옛날 소년 시절에 호놀룰루의 교실에서 가슴에 싹틔운 생각, 즉 '중국인은 위대하다'라는 신념이지 않았을까.

쑨원은 사후 후계자들에 의해 우상화되어간다. 방부防
腐수술을 받은 그의 유해를 담은 관이 베이징 중앙공원(훗
날 그의 호를 따 중산공원中山公園으로 개칭)에 안치되고, 추모를
위해 찾아온 이는 1925년 3월 24일부터 열흘간 수십만 명
에 달했다. 4월 2일 관은 잠정적으로 베이징 서부 외곽인
샹산의 비윈쓰碧雲寺 절에 옮겨졌고, 유지에 따라 난징 동
쪽 교외의 쯔진산에 개장되기를 기다리게 되는데, 이때도
30만 명이 장송葬送했다고 한다.

광저우에서는 중국 국민당 중앙집행위원회가 4월 16일
에 쑨원의 출신지인 광둥성 샹산현을 중산현으로 개칭하
고, 7월 1일에는 '유촉'을 근거로 하여 대원수 대본영을 국
민정부로 개조한다. 이렇게 카리스마적인 지도자가 떠난
후, 당 조직을 다양한 지역, 계층, 집단으로 침투시키면서
중앙·지방정부를 각계 당부가 지도하에 놓는 일당 지배,
즉 당국체제黨國體制가 구축되기 시작한다. 이것은 실현된
다면 당이 국가와 사회의 매개가 되어 '방'을 '수'로 변환시

타이베이 국부기념관의 쑨원상(저자 촬영)

킬 수 있는 체제였다.

　1926년부터 1928년의 국민혁명에 의해 중국 국민당은 일단 전국 통일을 달성하고(1927년에 중국 공산당을 배제했지만), 군정의 완료와 훈정의 개시를 선언한다. 그리고 1929년 6월 1일 난징 동쪽 외곽의 쯔진산에 조성된 중산릉에 쑨원의 관을 개장하는 '봉안대전奉安大典'이 거행되었다. 이렇게 그는 당국체제를 펼치는 중국 국민당의 수호신이 되었다. 그러나 쑨원의 '유교遺敎'에 의하면 당 지배는 본래 '민주를 위한 독재'이며, 그의 뜻을 잇는 것에 정통성의 근거를 두고 있던 중국 국민당은 자연히 훈정에서 헌정으로의 이행을 책무로 삼게 되었다.

하지만 이제는 저세상으로 간 야누스 쑨원의 구상에서 민주주의 체제의 확립이라는 혁명의 목적과 전위당에 의한 한시적 독재라는 혁명의 수단의 구별이 점차 애매해져 간 경위는 이 책에서 거듭 말한 대로다. 쑨원의 체제 구상은, 군정과 훈정을 거쳐 실현되어야 할 헌정이 정치 참가가 단계적으로 제도화된 민주주의 체제로 갈지, 아니면 혁명당에 복종하지 않는 자는 숙청되는 전체주의 체제로 갈지, 양 극단의 두 갈래 길로 풀이되는 양의성을 띠었다.

결과적으로 중국 국민당의 일당 지배는 그 어느 쪽으로도 가지 않는 어중간한 것이 된다. 군정, 훈정에 의해 '수'는 철저하지 못하였고 당 내외에 적지 않은 반발이 잔존하였으며, 또한 중일전쟁이라는 근대사상 최대의 국난을 만나 당국체제가 서서히 형해화하여 결코 강고한 독재를 확립했다고 보기도 어렵다. 그리고 국공내전 중에 시행된 헌정이라는 '방'은 중국 국민당의 성망聲望을 높이는 정치적 의식에 그쳤으며, 중국 역사상 최초의 보통선거로 실시된 1947년의 국민대회 대표 및 입법원 위원 선거가 중국 대륙에서 민주주의의 절창이 되었다.

한편 내전에서 승리하여 정권을 획득한 중국 공산당은

중국 국민당처럼 주저하지 않고, 시한적이지 않는 항구적인 일당 지배를 확립하는 길을 선택했다. 따라서 민주주의의 추구는 복류수가 되어 긴 시간과 거리를 넘어 다시 지표에 나타날 기회를 기다리게 된다. 물론 중국 공산당은 자신의 체제야말로 진정 민주적이라고 인식·주장했지만 중국 국민당에 비교하자면 훨씬 강고한 당국체제하에서 과도한 '수'는 경제·문화의 정체뿐 아니라 사회의 피폐를 몰고 왔다.

20세기 말의 개혁·개방정책의 채용은 경제체제를 '수'에서 '방'으로 전환하였음을 의미하며, 인류사상으로도 드문 경이로운 발전을 가져왔지만, 정치체제에서는 '수'에서 '방'으로의 전환, 즉 민주주의로의 노선 변경이 일어날 가능성은 오늘날 매우 낮다. 그 결과 중국 대륙(본토)이 압도적인 경제력을 가지면서 강고한 일당 지배를 유지하는 것이, 이 책 모두에서 말한 대로 타이완, 홍콩의 젊은이에게 거리감을 느끼게 하는 원인이 되고 있다.

이렇듯 쑨원이 민주와 독재라는 두 갈래 길의 분기점에 서게 된 하나의 원인은 그 자신이 특이한 출신이었기 때문이리라. 지리적으로도 사회적으로도 중화제국의 가장 주변부에서 태어나 외부 세계와의 사이에서 자란 그는 기존의 체제, 문명이나 특정한 지역, 계층이 아니라 상상의 혈연 공동체로서의 '중국인(≒한인)'에 귀속의식을 품고, 이 위대한 민족이 본래 있어야 할(것이라고 상상되던) '중화'의 지위를 '회복'하는 것을 숙원으로 삼았다. 그런 점에서 그는 경이적일 정도로 시종일관 같은 태도를 보였다. 상황이나 상대에 따라 달리 했던 말도, 잡다하고 때로 서로 모순되는 요소를 마치 눈사람을 만들 듯 추가해가던 사상도, 그리고 '군벌'이나 '정객'과의 임기응변적인 타협도, 강한 상대에 대한 박쥐 같은 외교도, 아니 자신에 의한 권력의 장악조차도, 이 목적을 달성하기 위한 수단이었던 것이다.

그리고 쑨원은 당시 세계에서 가장 선진적인 체제를 희구하고, 삼민주의라는 장밋빛 예언을 주창하면서 그 내용을 유연하게 변경해갔지만, 점차 선진국이 이미 걸어온 민주주의의 길보다도 혁명독재라는 지름길을 걸음으로써, 선진국을 능가하는 '근대의 초극'을 지향하게 되었다. 하지만 이 두 갈래 길이 언젠가는 만나 중국을 최첨단 이상 국가라는 지위로 이끌어줄 것을 믿은 그는, 개인의 자유를 부정하고 민족의 자유를 추구하면서도 민주주의를 완전히 물리치고 근대 정치체제상의 대극을 이루는 전체주의라는 암흑으로 빠져드는 일은 결코 없었던 것이다.

또한 쑨원은 국내에 세력 기반을 거의 가지지 않았기 때문에 중국 정계에서는 이른바 괴짜이자 트릭스터이며, 따라서 신해혁명이라는 1,000년에 한 번 일어나는 대전환을 맞아 다른 사람은 해내지 못할 역할을 감당하게 되었다. 이 성공 체험이 그에게 중화민국을 본래 있어야 할 이상국가의 지위로 이끌 수 있는 자는 자신을 제외하고 달리 없다는 강렬한 자부심을 품게 했고, 그를 '독재 지향의 민주주의자'라는 야누스로 만든 것이다.

쑨원이 믿었고, 그리고 모든 동포에 대해 부르짖었던 것처럼 두 갈래 길이 만나 하나가 되는 일은 앞으로도 없을 것이다. 하지만 그렇기 때문에 이 이루지 못한 꿈을 좇은 남자의 역사적 가치는 영원히 사라지지 않을 것이다.

후기

'그것은 오직 한 번뿐인 / 두 번 다시 돌아오지 않는 / 믿을 수 없을 만큼 아름다운 / 기적처럼 내려오는 / 천계에서 황금빛이'— 빈 회의를 소재로 한 독일 영화《회의는 춤춘다Der Kongreßtanzt》(1931년)의 삽입곡 '오직 한 번뿐인'의 1절 가사다. 이 가사를 보며 1912년 1월 1일에 전용열차로 난징에 도착한 쑨원을 떠올리는 것은 너무 심한 비약일까.

그때, 분명 불손한 이단자의 도전이 역사의 조류와 기묘하게 맞물려 세계의 정점에 서는 국가를 창조하겠다는 그의 터무니없는 꿈이 실현되는 것만 같았지만, 그것은 그야말로 덧없는 이른 봄의 한바탕 꿈으로 끝나고 말았다. 그래도 포기를 모르고 계속 꿈을 좇았던 남자는 이윽고 번민과 고투 속에서 생애를 마쳤고, 후계자들을 긴 시행착오의 길로 떠민다.

이 '그저 한 번뿐인'이라는 노래는 다음 가사로 끝난다. '꿈에 불과할지도 몰라 / 그것은 인생에서 오직 한 번뿐 / 내일엔 사라지고 없을지도 몰라 / 그것은 인생에서 오직 한 번뿐 / 언제나 봄의 전성기는 오직 한 번뿐이니까.'—

자연계에는 다시 봄이 오는데, 인간계의 봄은 '오직 한 번뿐'이란 말인가.

이 책의 본보기가 된 것은 신해혁명 100주년인 2011년에 내가 편집과 번역을 맡아 상재한 이와나미 문고의 『쑨원 혁명문집孫文革命文集』이다. 이 책은 쑨원의 다양한 저작, 서한, 연설, 담화, 명령이나 혁명당의 문헌 등 모두 46편의 글을 시간 순에 따라 배치하고, 그 배경을 설명하기 위해 해설과 역주를 달아 그의 혁명적 생애를 가능한 한 응축한 언행록이다(단, 1924년의 '삼민주의' 연설은 안도 히코타로 安藤彦太郎가 번역한 이와나미 문고 『삼민주의』에 양보했다).

하지만 애석하게도 원전 자료집이라는 성질상, 일반 독자에게 그다지 친절하다고 할 수 없었기에 더욱 쉽게 읽히는 평전을 쓰면 좋겠다는 소망을 점차 강하게 품게 되었다. 그런 가운데 쑨원 탄생 150주년인 2016년을 맞아 『쑨원 혁명문집』을 사진집이라 한다면, 사진의 장수를 늘리고 얼개를 명확히 하여, 말하자면 영상처럼 만든 것이 이 책이다. 나아가 이 한 권으로 중국 근대사의 큰 흐름을 개관하고, 현대에 대한 전망을 얻을 수 있도록 했는데, 약간 욕심이 과했던 것일까.

역으로 이 책은 체제 변혁을 회구하는 혁명가로서의 쑨원을 그리는 것에 중점을 두고, 그의 사생활은 거의 다루지 않았다. 그것에 관해서는 앞서 소개한『쑨원 혁명문집』의「해설」을 참조하기 바란다. 또한 당연한 이야기지만, 집필에 있어서 나는 선행 연구에 많은 빚을 지고 있지만 전문적인 학술서가 아닌 이 책의 특질상 이 소개도『쑨원 혁명문집』의「문헌목록」에 양보하도록 하겠다. 다만 2012년 이후에 간행된 아래 다섯 권을 추가하고자 한다.

신해혁명 백주년기념 논집 편집위원회辛亥革命百周年記念論集編集委員会 편『종합연구 신해혁명総合研究 辛亥革命』이와나미서점, 2012년

일본 쑨원연구회 편『세계 역사 속의 신해혁명グローバルヒストリーの中の辛亥革命』규코쇼인汲古書院, 2013년

안도 구미코安藤久美子『쑨원의 사회주의 사상-중국 변혁의 길孫文の社会主義思想 中国変革の道』규코쇼인, 2013년

다케가미 마리코武上真理子『과학적인 인물·쑨원-사상사적 고찰科学の人·孫文 思想史的考察』게이소쇼보勁草書房, 2014년

요코야마 히로아키橫山宏章『쑨원의 민낯-국부가 된 허 풍쟁이素顔の孫文 国父になった大ぼら吹き』이와나미서점, 2014년

또한 쑨원의 저작집 중 현 시점에 가장 잘 망라되어 있 는 저작물은 아래와 같다.

상밍쉬안尚明軒 주편『쑨중산전집孫中山全集』인민출판사 人民出版社, 2015년

그리고 신해혁명부터 오늘날까지 약 100년에 걸친, 중 국 정치체제의 전개 과정을 통관通觀한 공동연구 논문집 으로서, 외람되지만 다음 졸저를 들고자 한다.

후카마치 히데오 편『중국의회 100년사-누가 누구를 대 표해왔는가中国議会100年史 誰が誰を代表してきたのか』도쿄 대학출판회東京大学出版会, 2015년

이 책의 출판에 대해 나는, 우선 이와나미서점 편집국

부장인 바바 기미히코馬場公彦 씨에게 의논한 후 신서 편집부 나카야마 에이키中山永基 씨에게 담당을 부탁했다. 두 분은 내가 편집 협력자로 참여하여 2010년에 간행된 『신편 원전중국근대사상사 3 민족과 국가-신해혁명新編原典中国近代思想史 3 民族と国家-辛亥革命』, 그리고 2013년에 상재한 『신체를 길들이는 정치-중국 국민당의 신생활운동身体を躾ける政治 中国国民党の新生活運動』으로 연을 맺은 분들인데, 이번에도 '이해하기 쉽고 잘 읽힐 것' 외에 '전혀'라고 해도 무방할 정도로 내 마음대로 쓸 수 있게 해주셨다. 그리고 마침 쑨원과 100살 차이가 나는 내가 4반세기를 넘게 쑨원과 중국 국민당사를 연구해오는 동안 신세 진 분이 셀 수 없이 많다. 이 자리를 빌려 감사의 마음을 전한다.

오늘날 일반에서 중국 관련 서적은 마치 홍수처럼 쏟아지고 있다, 그중에는 쑨원과 관련한 것도 적지 않은데, 아무쪼록 이 졸저를 통해 쑨원과 중국에 대한 독자의 이해가 조금이나마 깊어지기를 바라는 바이다.

2016년 4월 신록이 싹트는 다마 구릉多摩丘陵에서
후카마치 히데오

역자 후기

　지나간 일을 두고 '만약에 이랬다면', '만약에 저랬다면' 하고 선택되지 않은 다른 길을 생각하는 것은 어쩌면 무의미할지도 모르겠다. 하지만 유독 역사를 돌아볼 때면 그런 생각을 많이 했던 것 같다. 쓰라린 상처가 많은 대한민국 근현대사를 바라볼 때는 더욱 그랬다. 이따금 '만약 조선이 쇄국 정책을 고집하지 않고 빨리 문호를 개방했더라면', '만약 한국이 분단국이 되지 않았더라면' 같은 상상을 해보곤 했다.

　이 책을 번역하면서 처음으로 중국 역사에 대해서 '만약'을 생각하게 되었다. '만약 쑨원이 자신의 꿈을 이뤘다면 지금 중국은 어떤 모습일까?' 하고 말이다. 이런 상상은 제법 즐거웠다. 전에는 일부러 평전을 찾아 읽는 일이 거의 없었다. 이유는 단순하다. 지루해 보였기 때문이다. 하지만 이 책을 깊이 있게 읽고 번역함으로써 새삼 평전 읽는 즐거움을 알았으니, 번역자로서 또 하나의 큰 선물을 받은 셈이다.

　현재 지구상에 몇 안 되는 사회주의 국가 중 하나인 중국. 나로서는 '민주주의 국가 중국'을 도저히 상상할 수 없지만, 쑨원이 생애를 바쳐 이룩하고자 했던 '공화제 국가 중국'에 대한 절실함만큼은 절절히 와 닿는다. 눈을 감는 마지막 순간까지도 그는 얼마나 간절히 바랐을까? 자신이 너무도 사랑했던 조국의 민주화를.

이 책에서는 쑨원을 '야누스', '독재를 지향한 민주주의자'라고 표현한다. 언뜻 말장난 같은 이 묘한 뜻매김의 이유는 무엇일까? 나는 거듭되는 좌절과 배신, 실패의 결과라고 보았다. 신해혁명으로 잠시 꿀맛 같은 성공을 맛보았지만, 그것은 정말 잠깐이었다. 그래도 쑨원은 '민주주의'를 향한 꿈을 접지 않았다. 그 꿈을 이루기 위한 수단이라면, 그것이 설사 꿈과는 대치된다 해도 취하기로 마음먹은 것이다. 쑨원이 품은 꿈의 온도가 얼마나 뜨거웠던지 머릿속에 한참 맴돌던 의문과 불편함도 녹아 없어지는 듯했다.

인물에 대한 저자의 애정이 느껴지는데도, 치우침 없이 공과 과를 모두 기록한다는 점에서 새삼 평전의 가치를 느낀다. 쑨원孫文·손문이라는 이름은 꽤 알려졌음에도, 우리나라에 그의 평전이나 연구 자료가 매우 적다는 사실을 알게 되었다. 더욱 깊이 있는 연구가 활발히 이뤄졌으면

하는 바람이다.

앞서 평전 읽는 재미에 대해 잠깐 언급했지만, 우리가 시대극을 좋아하는 이유가 무엇일까? '이미 알고 있는 결말'이 가져다주는 폐쇄성이 우월감을 주기 때문이 아닐까? 결말을 알고 봐야 재미있는 소설이나 영화가 있듯 말이다. 평전을 읽는 재미도 이것과 비슷하다. 이미 결말을 알고 있기에 마치 신이라도 된 듯, 평전에 등장하는 인물과 사건을 내려다볼 수 있다.

또한 이미 지나가버린 역사는 되돌릴 수 없지만, 앞으로 다가올 역사를 바꿀 힘이 평전 속에 숨겨져 있다는 생각도 들었다. 민주주의를 향한 쑨원의 열망이 더욱 뜨겁게 다가온 것은, 어쩌면 추위에 떨면서도 거리로 나가 촛불을 밝혔던 대한민국 국민의 한 사람이었기 때문인지도 모르겠다. 이 책을 통해 쑨원이 온 힘을 다해 내게 호소하는 것만 같았다. 마치 공기처럼, 너무도 당연해서 그 존재를 잊기 마련이지만, 민주주의란 절대 쉽게 얻을 수 있는 것도, 쉽게 지켜지는 것도 아니라고 말이다.

2018년 5월 박제이

연표

(볼드체는 쑨원 자신에 관한 사항)

서력	연호	나이 (만)	사건
1840	도광(道光) 20		아편전쟁(~42)
1851	함풍(咸豊) 1		태평천국(~64)
1856	함풍(咸豊) 6		제2차 아편전쟁(~60)
1866	동치(同治) 5	0	**광둥성 상산현 추이헝촌에서 탄생**
1879	광서(光緒) 5	13	**호놀룰루로 이주, 이올라니학교에 입학**
1882	광서(光緒) 8	16	**이올라니학교 졸업, 오아후학원에 입학**
1883	광서(光緒) 9	17	**귀국, 홍콩에서 발췌서원에 입학**
1884	광서(光緒) 10	18	**홍콩에서 중앙서원으로 전학, 세례를 받음** 청불전쟁(~85)
1886	광서(光緒) 12	20	**중앙서원 졸업, 광저우에서 박제의원 부설 의학교에 입학**
1887	광서(光緒) 13	21	**홍콩에서 서의서원에 입학**
1890	광서(光緒) 16	24	**천사오보, 여우례, 양허링과 '사대구'를 자칭**
1892	광서(光緒) 18	26	**서의서원 졸업, 마카오에서 경호의원에 근무**
1893	광서(光緒) 19	27	**마카오에서 중서약국을 개업, 광저우에서 동서약국을 개업, 흥중회 결성을 제의**
1894	광서(光緒) 20	28	**리훙장에게 상서,** 청일전쟁(~95), **호놀룰루에서 흥중회 결성**
1895	광서(光緒) 21	29	**홍콩에서 흥중회 결성, 광저우 봉기, 요코하마에서 흥중회 결성**
1896	광서(光緒) 22	30	**런던에서 청국 공사관에 감금**
1897	광서(光緒) 23	31	**런던에서 『런던 조난기』 출간**
1898	광서(光緒) 24	32	무술정변
1899	광서(光緒) 25	33	**홍콩에서 흥한회 결성**

1900	광서(光緒) 26	34	홍콩에서 『중국일보』 창간, 의화단전쟁, 후이저우 봉기
1901	광서(光緒) 27	35	도쿄에서 「지나의 보전·분할에 대해 함께 논의하다」 발표
1902	광서(光緒) 28	36	미야자키 도라조 『33년의 꿈』 출간
1903	광서(光緒) 29	37	도쿄에서 군사학교 설립, 호놀룰루에서 중화혁명군 결성
1904	광서(光緒) 30	38	호놀룰루에서 치공당에 가입, 뉴욕에서 『중국문제의 진정한 해결』 출간
1905	광서(光緒) 31	39	도쿄에서 중국동맹회 결성, 과거제 폐지, 도쿄에서 『민보』 창간
1906	광서(光緒) 32	40	도쿄에서 『혁명방략』 작성, 『민보』 창간 1주년 기념대회 거행
1907	광서(光緒) 33	41	황강 봉기, 치뉘후 봉기, 싱가포르에서 『중흥일보』 창간, 팡청 봉기, 전난관 봉기
1908	광서(光緒) 34	42	흠렴(欽廉) 봉기, 하구(河口) 봉기, 「헌법대강」 공포, 싱가포르에서 중국동맹회 난양지부 설립
1909	선통(宣統) 1	43	홍콩에서 중국동맹회 난팡지부 설립, 각 성 자의국 설립
1910	선통(宣統) 2	44	신군 봉기, 자정원 개설
1911	선통(宣統) 3	45	황화강 봉기, 보로운동, 상하이에서 중국동맹회 중부총회 조직, 신해혁명(~12)
1912	민국(民國) 1	46	난징에서 중화민국 임시대총통 취임, 선통제 퇴위, 「임시약법」 공포, 베이징에서 국민당 결성
1913	민국(民國) 2	47	국회 성립, 제2혁명
1914	민국(民國) 3	48	국회 해산, 「임시약법」 폐지, 도쿄에서 중화혁명당 결성, 제1차 세계대전(~18)
1915	민국(民國) 4	49	위안스카이에 21개조 요구, 쑹칭링과 결혼, 호국운동(~16)
1916	민국(民國) 5	50	국회·「임시약법」 회복, 중화혁명당 활동 정지
1917	민국(民國) 6	51	상하이에서 『회의통칙』 출간, 복벽, 광저우에서 중화민국 군 정부 해륙군 대원수 취임
1918	민국(民國) 7	52	군 정부 개조, 신국회 성립

1919	민국(民國) 8	53	남북화의, 5·4운동, **상하이에서 『쑨원학설』 출간, 중국 국민당 결성**
1920	민국(民國) 9	54	**상하이에서 『중국의 국제개발』 출간,** 신국회 소멸, 중국 공산당 결성, 광저우에서 군 정부 계속 선언
1921	민국(民國) 10	55	**광저우에서 중화민국 대총통 취임, 북벌 개시**
1922	민국(民國) 11	56	홍콩 선원 파업, 구(舊)국회 회복, 천중밍 반란
1923	민국(民國) 12	57	**상하이에서 「쑨원·요폐 공동성명」 발표, 광저우에서 육해군 대원수 대본영 재건, 쑨이셴 박사 대표단 파견**
1924	민국(民國) 13	58	**광저우에서 '중국 국민당 제1차 전국대표대회' 개최, '삼민주의' 강연, 「국민정부 건국대강」 발표, 황푸에서 육군 군사학교 설립,** 광저우에서 농민운동 강습소 설립, 상단사건, 베이징정변
1925	민국(民國) 14	59	베이징에서 영면

색인

일본의 지성을 읽는다

006 강상중과 함께 읽는 나쓰메 소세키
강상중 지음 | 김수희 옮김 | 8,900원

나쓰메 소세키의 작품 세계를 통찰!
오랫동안 나쓰메 소세키 작품을 음미해온 강상중의 탁월한 해석을 통해 나쓰메 소세키의 대표작들 면면에 담긴 깊은 속뜻을 알기 쉽게 전해준다.

007 잉카의 세계를 알다
기무라 히데오, 다카노 준 지음 | 남지연 옮김 | 8,900원

위대한 「잉카 제국」의 흔적을 좇다!
잉카 문명의 탄생과 찬란했던 전성기의 역사, 그리고 신비에 싸여 있는 유적 등 잉카의 매력을 풍부한 사진과 함께 소개한다.

008 수학 공부법
도야마 히라쿠 지음 | 박미정 옮김 | 8,900원

수학의 개념을 바로잡는 참신한 교육법!
수학의 토대라 할 수 있는 양·수·집합과 논리·공간 및 도형·변수와 함수에 대해 그 근본 원리를 깨우칠 수 있도록 새로운 관점에서 접근해본다.

009 우주론 입문 -탄생에서 미래로-
사토 가쓰히코 지음 | 김효진 옮김 | 8,900원

물리학과 천체 관측의 파란만장한 역사!
일본 우주론의 일인자가 치열한 우주 이론과 관측의 최전선을 전망하고 우주와 인류의 먼 미래를 고찰하며 인류의 기원과 미래상을 살펴본다.

010 우경화하는 일본 정치
나카노 고이치 지음 | 김수희 옮김 | 8,900원

일본 정치의 현주소를 읽는다!
일본 정치의 우경화가 어떻게 전개되어왔으며, 우경화를 통해 달성하려는 목적은 무엇인가. 일본 우경화의 전모를 낱낱이 밝힌다.

011 악이란 무엇인가
나카지마 요시미치 지음 | 박미정 옮김 | 8,900원

악에 대한 새로운 깨달음!
인간의 근본악을 추구하는 칸트 윤리학을 철저하게 파고든다. 선한 행위 속에 어떻게 악이 녹아들어 있는지 냉철한 철학적 고찰을 해본다.

012 포스트 자본주의 -과학·인간·사회의 미래-
히로이 요시노리 지음 | 박제이 옮김 | 8,900원

포스트 자본주의의 미래상을 고찰!
오늘날 「성숙·정체화」라는 새로운 사회상이 부각되고 있다. 자본주의·사회주의·생태학이 교차하는 미래 사회상을 선명하게 그려본다.

013 인간 시황제

쓰루마 가즈유키 지음 | 김경호 옮김 | 8,900원

새롭게 밝혀지는 시황제의 50년 생애!
시황제의 출생과 꿈, 통일 과정, 제국의 종언에 이르기까지 그 일생을 생생하게 살펴본다. 기존의 폭군상이 아닌 한 인간으로서의 시황제를 조명해본다.

014 콤플렉스

가와이 하야오 지음 | 위정훈 옮김 | 8,900원

콤플렉스를 마주하는 방법!
「콤플렉스」는 오늘날 탐험의 가능성으로 가득 찬 미답의 영역, 우리들의 내계, 무의식의 또 다른 이름이다. 융의 심리학을 토대로 인간의 심층을 파헤친다.

015 배움이란 무엇인가

이마이 무쓰미 지음 | 김수희 옮김 | 8,900원

'좋은 배움'을 위한 새로운 지식관!
마음과 뇌 안에서의 지식의 존재 양식 및 습득 방식, 기억이나 사고의 방식에 대한 인지과학의 성과를 바탕으로 배움의 구조를 알아본다.

016 프랑스 혁명 -역사의 변혁을 이룬 극약-

지즈카 다다미 지음 | 남지연 옮김 | 8,900원

프랑스 혁명의 빛과 어둠!
프랑스 혁명은 왜 그토록 막대한 희생을 필요로 하였을까. 시대를 살아가던 사람들의 고뇌와 처절한 발자취를 더듬어가며 그 역사적 의미를 고찰한다.

017 철학을 사용하는 법

와시다 기요카즈 지음 | 김진희 옮김 | 8,900원

철학적 사유의 새로운 지평!
숨 막히는 상황의 연속인 오늘날, 우리는 철학을 인생에 어떻게 '사용'하면 좋을까? '지성의 폐활량'을 기르기 위한 실천적 방법을 제시한다.

018 르포 트럼프 왕국 -어째서 트럼프인가-

가나리 류이치 지음 | 김진희 옮김 | 8,900원

또 하나의 미국을 가다!
뉴욕 등 대도시에서는 알 수 없는 트럼프 인기의 원인을 파헤친다. 애팔래치아 산맥 너머, 트럼프를 지지하는 사람들의 목소리를 가감 없이 수록했다.

019 사이토 다카시의 교육력 -어떻게 가르칠 것인가-

사이토 다카시 지음 | 남지연 옮김 | 8,900원

창조적 교육의 원리와 요령!
배움의 장을 향상심 넘치는 분위기로 이끌기 위해 필요한 것은 가르치는 사람의 교육력이다. 그 교육력 단련을 위한 방법을 제시한다.

020 원전 프로파간다 -안전신화의 불편한 진실-
혼마 류 지음 | 박제이 옮김 | 8,900원

원전 확대를 위한 프로파간다!
언론과 광고대행사 등이 전개해온 원전 프로파간다의 구조와 역사를 파헤치
며 높은 경각심을 일깨운다. 원전에 대해서, 어디까지 진실인가.

021 허블 -우주의 심연을 관측하다-
이에 마사노리 지음 | 김효진 옮김 | 8,900원

허블의 파란만장한 일대기!
아인슈타인을 비롯한 동시대 과학자들과 이루어낸 허블의 영광과 좌절의 생
애를 조명한다! 허블의 연구 성과와 인간적인 면모를 살펴볼 수 있다.

022 한자 -기원과 그 배경-
시라카와 시즈카 지음 | 심경호 옮김 | 9,800원

한자의 기원과 발달 과정!
중국 고대인의 생활이나 문화, 신화 및 문자학적 성과를 바탕으로, 한자의 성
장과 그 의미를 생생하게 들여다본다.

023 지적 생산의 기술
우메사오 다다오 지음 | 김욱 옮김 | 8,900원

지적 생산을 위한 기술을 체계화!
지적인 정보 생산을 위해 저자가 연구자로서 스스로 고안하고 동료들과 교류
하며 터득한 여러 연구 비법의 정수를 체계적으로 소개한다.

024 조세 피난처 -달아나는 세금-
시가 사쿠라 지음 | 김효진 옮김 | 8,900원

조세 피난처를 둘러싼 어둠의 내막!
시민의 눈이 닿지 않는 장소에서 세 부담의 공평성을 해치는 온갖 악행이 벌
어진다. 그 조세 피난처의 실태를 철저하게 고발한다.

025 고사성어를 알면 중국사가 보인다
이나미 리쓰코 지음 | 이동철, 박은희 옮김 | 9,800원

고사성어에 담긴 장대한 중국사!
다양한 고사성어를 소개하며 그 탄생 배경인 중국사의 흐름을 더듬어본다. 중
국사의 명장면 속에서 피어난 고사성어들이 깊은 울림을 전해준다.

026 수면장애와 우울증
시미즈 데쓰오 지음 | 김수희 옮김 | 8,900원

우울증의 신호인 수면장애!
우울증의 조짐이나 증상을 수면장애와 관련지어 밝혀낸다. 우울증을 예방하
기 위한 수면 개선이나 숙면법 등을 상세히 소개한다.

027 아이의 사회력

가도와키 아쓰시 지음 | 김수희 옮김 | 8,900원

아이들의 행복한 성장을 위한 교육법!
아이들 사이에서 타인에 대한 관심이 사라져가고 있다. 이에 「사람과 사람이
이어지고, 사회를 만들어나가는 힘」으로 「사회력」을 제시한다.

028 쑨원 -근대화의 기로-

후카마치 히데오 지음 | 박제이 옮김 | 9,800원

독재 지향의 민주주의자 쑨원!
쑨원, 그 남자가 꿈꾸었던 것은 민주인가, 독재인가? 신해혁명으로 중화민국을
탄생시킨 희대의 트릭스터 쑨원의 못다 이룬 꿈을 알아본다.

아이의 사회력

가도와키 아쓰시 지음 | 김수희 옮김 | 296쪽 | 128×188mm

소통하고 친화력 있는
아이로 키우기

사회의 빠른 변화에 따라 아이들을 키우는 환경 역시 크게 달라졌다.
바뀌어진 사회에서 어떻게
서로 소통하고 친화력 있는 아이로 기를 수 있을까?
우리 아이들을 위한 어른의 역할과 책임을 되돌아본다.

* 매월 10일 신간 발매 | 각 권 8,900원 부터

AK *useful & fun Contents Publisher*

에이케이커뮤니케이션즈 | 02 - 702 - 7963 | www.amusementkorea.co.kr

쑨원 -근대화의 기로-

초판 1쇄 인쇄 2018년 6월 10일
초판 1쇄 발행 2018년 6월 15일

저자 : 후카마치 히데오
번역 : 박제이

펴낸이 : 이동섭
편집 : 이민규, 오세찬, 서찬웅
디자인 : 조세연, 백승주
영업 · 마케팅 : 송정환
e-BOOK : 홍인표, 김영빈, 유재학, 최정수
관리 : 이윤미

㈜에이케이커뮤니케이션즈
등록 1996년 7월 9일(제302-1996-00026호)
주소 : 04002 서울 마포구 동교로 17안길 28, 2층
TEL : 02-702-7963~5   FAX : 02-702-7988
http://www.amusementkorea.co.kr

ISBN 979-11-274-1554-9 04990
ISBN 979-11-7024-600-8 04080

SONBUN -KINDAIKA NO KIRO-
by Hideo Fukamachi
Copyright © 2016 by Hideo Fukamachi
First published 2016 by Iwanami Shoten, Publishers, Tokyo.
This Korean edition published 2018
by AK Communications, Inc., Seoul
by arrangement with the Proprietor c/o Iwanami Shoten, Publishers, Tokyo.

이 도서의 국립중앙도서관 출판예정도서목록(CIP)은 서지정보유통지원시스템 홈페
이지(http://seoji.nl.go.kr)와 국가자료공동목록시스템(http://www.nl.go.kr/kolisnet)
에서 이용하실 수 있습니다. (CIP제어번호: CIP2018015807)

*잘못된 책은 구입한 곳에서 무료로 바꿔드립니다.